my favorite shirt
私の好きなシャツスタイル

machiko kayaki
茅木真知子

文化出版局

my favorite shirt

contents

a スタンダードシャツ　page 5・36

b パフスリーブのワンピース　page 6・38

c ノースリーブのシャツ　page 7・44

d 麻のワンピース　page 8・46

e マリンボーダーのシャツ　page 10・41

f スタンドカラーのシャツ　page 11・48

g 水玉のワンピース　page 12・50

h タータンチェックのブラウス　page 13・54

i チュニックブラウス　page 14・56

j 生なり色のワンピース　page 15・58

k スモックドレス　page 16・60

l フレンチスリーブのブラウス　page 18・66

m リネンギンガムのシャツブラウス　page 19・68

n プリントリネンのシャツ　page 20・62

o チェックのシャツ　page 21・70

p リネンのコート　page 22・72

q スカラップリネンのコート　page 24・63

r チュニックシャツ　page 25・74

s ボイルのチュニック　page 26・76

t 7分袖のシャツブラウス　page 27・78

シャツのディテールの縫い方
短冊あき、スラッシュあき　page 28
ポロシャツ風のあき　page 29
袖口の縫い方A　page 30
袖口の縫い方B　page 31
スタンドカラー　page 32

作り方　page 33
作る前に……　page 34

＊裁合せ図は9号サイズで入れてあります

小学生のころ、母が白いシャツを縫ってくれました。

朝、枕もとにたたんで置いてあった白いシャツを大喜びで着て出かけました。

思えばあれから何十年？私のシャツ好きは今でも続いています。

この本では、がんばれば作れそうな「シャツみたいな服」を考えてみました。

自分なりに決めた基準は衿がついていること。

シャツを長くすればチュニックやワンピースになるし、

袖なしでもパフスリーブでもいいのだから女の人は得ですね。

カラー5ページを使ってシャツのディテールの縫い方をわかりやすく解説しています。

ゆっくり、丁寧にenjoy sewing！

毎日着る服でいちばん必要なアイテムは、
私の場合はこんなスタンダードシャツ。
白いオックスフォードやストライプ、ギンガムなどなど……。
自分で本格シャツを縫うのはハードルが高いけど、
せっかくだから既製品では見つけられない
ステキな布で作ったシャツが欲しい。
これは繊細な花ペーズリーの白い麻。

a standard shirt
page 36

b puff sleeved one-piece
page 38

衿とカフスに無地を使ったクレリックシャツを
アレンジしてワンピースにしました。
後ろヨークからギャザー、ハイウエストに細いタブ、
そしてふっくらパフスリーブ。
メンズアイテムのクレリックシャツが
すっかりガーリーに。

左のワンピースと同じパターンを使って
ノースリーブのボタンダウンシャツに。
着丈のバランスを見て短冊を少し短かくしました。
少年っぽいこんなシャツは小花プリントもいいですね。

C sleeve-less shirt
page 44

優しいグレーの麻に白いレースとピンタックを
プラスしてゆったりしたワンピースに。
あきがなく、かぶって着る形で7分袖。
グレーやベージュの麻を手にすると
白い衿やレースをつけてみたくなります。
少しだけ白を入れると清潔さと控えめな甘さが出て、
どこか懐かしい服になりそうな……。

d linen one-piece
page 46

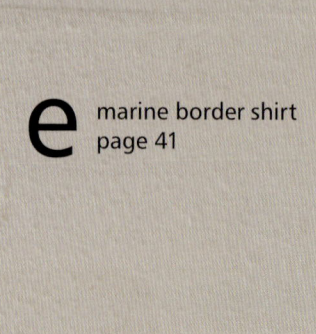

e marine border shirt
page 41

ボーダーのTシャツのような布で作った
プルオーバーシャツ。
スラッシュあきで台衿なしの衿だから
作り方は簡単です。
ウールコットンリネンという新しい素材です。
洗濯機で洗えるように、始めに水通しをして
布を縮ませてから作りました。

着丈が75cmと長めですが、
裾回りが細身なので着てみると腰のあたりで止まり、
ブラウジングするようになっています。
カフスのついた袖口、フラップつきのポケット、
重ね着もしやすいメンズっぽいシャツです。
紫のコットンリネンシャンブレー。

f stand-up collar shirt
   page 48

g
dotted one-piece
page 50

キュプラ入りコットンのしゃり感のある布。
チャコールグレーに生なりの水玉です。
ふくらんだ袖に長いカフス。
手首でカフスが止まるので
ふわっとパフった袖口になります。
身頃だけ裏地をつけました。

左のワンピースと同じパターンを使ったブラウス。
ボイルのタータンチェックを袖だけバイアスに。
ボタンは1.1センチのシャツボタンを使用。
小さなボタンは厚みのあるものが
はめやすいので4ミリの黒蝶貝です。

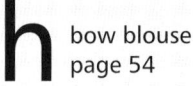

h bow blouse
page 54

| tunic blouse
page 56

ウール混のやわらかいコットンストライプで
フリルつきのチュニックを。
バイアス地を切りっぱなしで作るフリルは
今っぽくて簡単なのでぜひ試してみてください。
つけたときはきれいすぎて、あれっ？って思っても
洗うとこの写真のようになるのでご安心を。

シーチングのような生なり色のコットン。
左と同じようにフリルをつけています。
こちらもでき上がってから洗濯機にかけてあります。
バイアス裁ちのフリルは何度洗っても
これ以上ボロボロほつれてはこないので、
フリルは必ずバイアスで。

j off white one-piece
page 58

k smock dress
page 60

コットン、リネン、ウールと3種類の素材で織られたギンガムチェック。
「今らしさ」を感じる布地です。
カジュアルな服は家で洗濯したいので作る前に水洗いをして縮めてから作ります。
やわらかく風合いもいい感じになります。
絵描きさんのスモックのようなワンピース。
着丈はお好みで。

| french-sleeved blouse
page 66

肩の丸みにフィットする
きれいなフレンチスリーブです。
台衿なしの丸衿で、この本の中でいちばん
簡単にできるブラウスです。
ホームクチュールでは縫いやすい布かどうかで
難易度が違ってきます。
初めてのかたは扱いやすいコットンでどうぞ。

しわ加工をした小さなリネンギンガムで作ったシャツブラウス。
きれいに整った布の耳を使ってフリルをつけました。
袖口にギャザーを入れたクラシックな5分袖です。
気に入ってよく着ていたアンティークのブラウスを
参考にしたパターンです。
共布でスカートを作ってワンピースのように着ても。

m frilled blouse
page 68

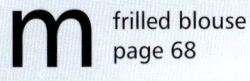

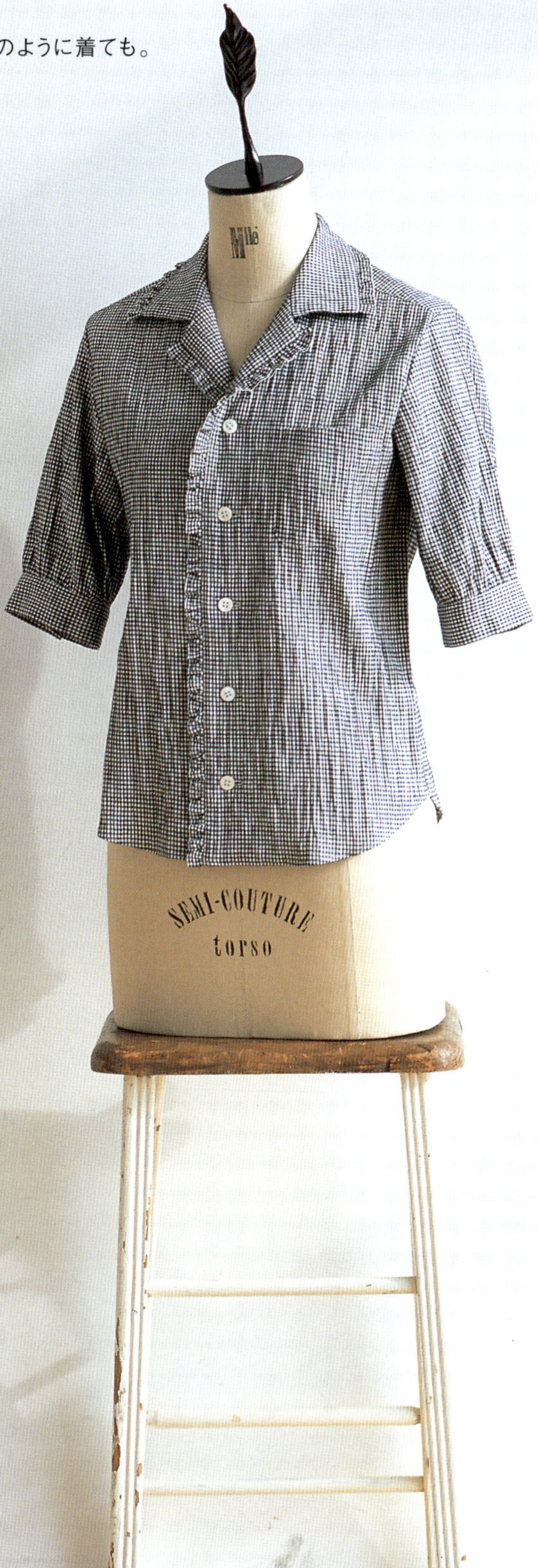

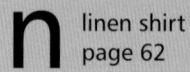
linen shirt
page 62

19世紀のアメリカの古布を復刻プリントした麻です。
洗って着込んでいくうちにやわらかく風合いも増して、
愛着のある服になっていくでしょう。
肩が落ちてふわっとボリュームのある
ゆったりしたシャツです。

きれいな赤紫色のウィンドーペーンの麻で
さっぱり清潔感のあるシャツを。
ウィンドーペーンとは窓枠格子のことで、
ギンガムチェックとは違った表情があります。
細い共布のリボンを衿の陰にとめつけて。

o plaid'ed shirt
page 70

p linen coat
page 72

三日月台衿という衿腰を出すための
台衿がついています。
前中心まである台衿に比べると作り方は簡単。
しわ加工をしたごわっとかたい麻のコートで
ボタンはメンズ用のスコッチボタンです。

ヨークの裏布に小花プリントを使っています。
表地の麻がかためだから少し軽くしたかったのと、
裏地にこだわるおしゃれ心もあります。
お好みでベルトの裏や見返しにもプリントを使ってもいいですね。
ストライプや小花など小さな柄のほうがよさそうです。

q linen coat
page 63

片耳がスカラップレースになった麻で、
ブラウジングして着るコートを。
腰ひもは、ちょうどいいと感じる位置に
個人差があるので、最後にひも通しをつける前に
試着してみてください。
ひも通しのホールをあけてしまってからでは
直せなくなってしまいます。

きちんと見えるチュニックシャツ。
コットンリネンのデニムで作りました。
チノクロスやウールジャージーでもよさそうです。
コーディネートは細いパンツやレギンスを。

r tunic shirt
page 74

S tunic blouse
page 76

片耳がスカラップになった
ドビーボイルを横地に使っています。
透ける布でもチュニックブラウスなら
裏地がいらなくて気軽に扱えます。
袖口はゴムシャーリング。

ブルー、ボイル、ギンガムチェックと
懐かしさの定番のような布で作った
ノスタルジックな7分袖のブラウス。
女の人なら誰でもきっと似合うはず。

t nostalgic blouse
page 78

シャツのディテールの縫い方　how to do sewing for detail of shirt

●短冊あき

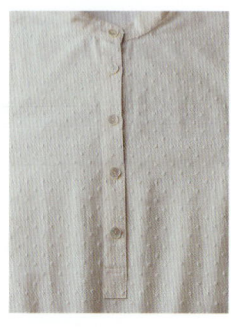

point
身頃の表面裏面とも、短冊布が同じように仕上がる、丁寧な縫い方です。
この縫い方は、身頃ぎりぎりに切込みを入れないのでほつれる心配がありません。
縫いつける前に短冊布をきちんと出来上がりにアイロンで折っておくのがポイント。

1 短冊布の下角部をカットする

2 アイロンで出来上がりに折る

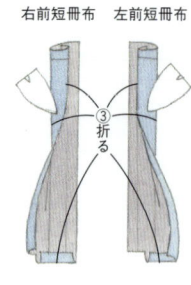

3 短冊を縫いつけ、切込みを入れる

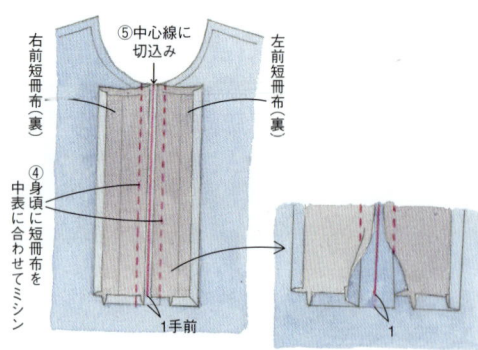

4 短冊にステッチをかける

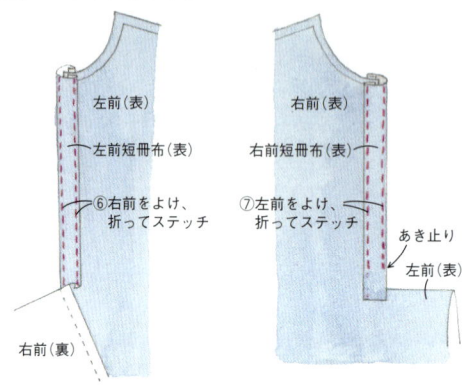

5 とめミシンをかける

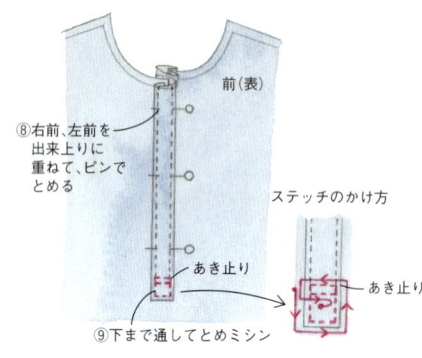

●スラッシュあき

point
見返しを合わせてあきを縫い、切込みを入れて縫い返して作るあき。
あき止はつれないように、はさみの先を使い、放射状に切込みを入れます。

1 見返しを出来上がりに折る

2 見返しを中表に合わせて縫い、切込みを入れる

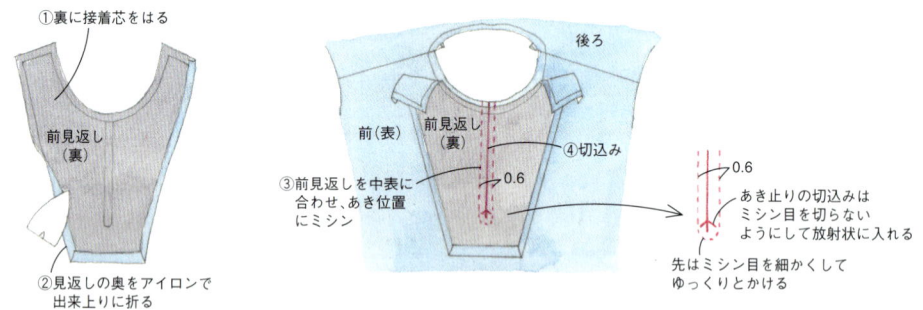

3 表に返す

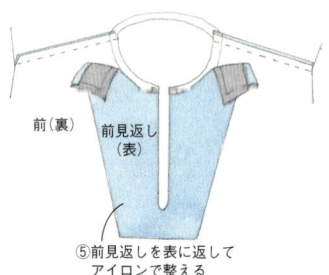

4 衿を作ってつける→42ページ参照

5 ステッチをかけて見返しをとめつける

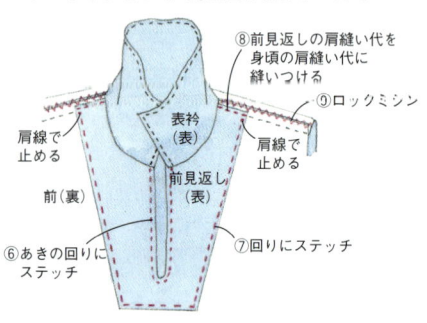

28

●ポロシャツ風のあき

point
身頃に切込みを入れ、左右前端を1枚の見返し、持出し布で始末する方法です。
身頃の縫い代が細いので接着テープをはって、ほつれないようにします。

1 見返し、持出し布を出来上りに折る

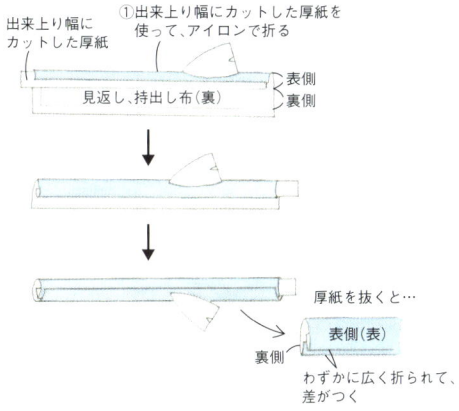

2 身頃に切込みを入れる

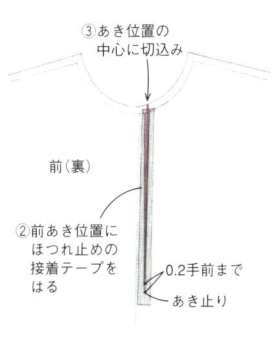

3 見返し、持出し布を縫いつける
4 右前の衿つけ止りを縫う

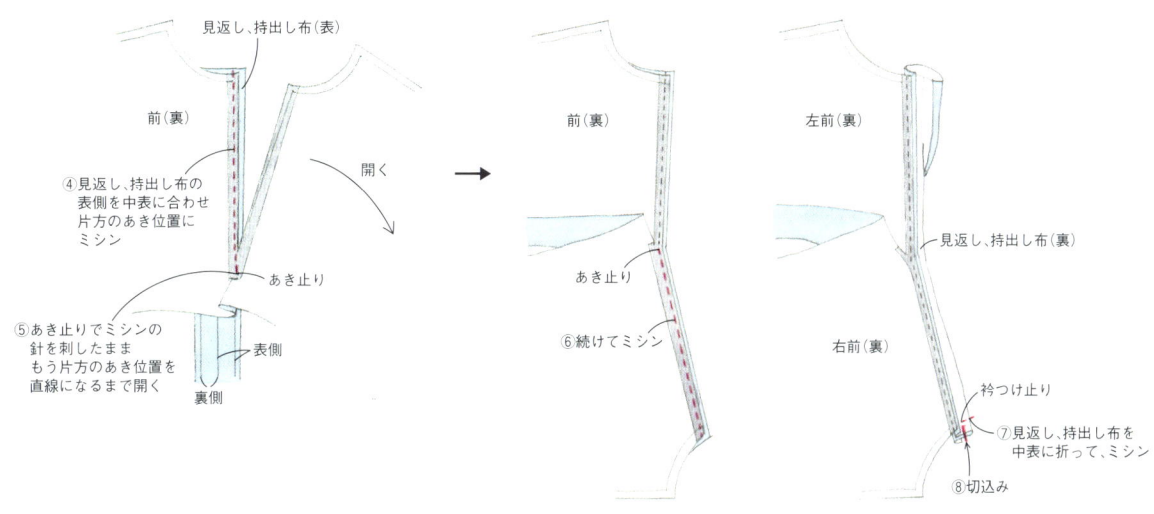

5 見返し、持出し布を落しミシンでとめる

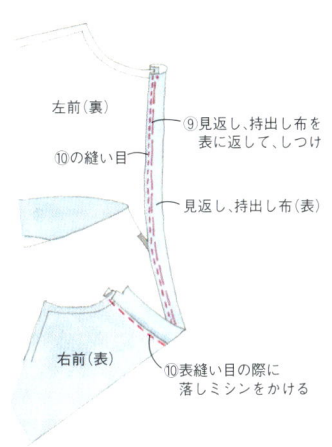

6 左前の衿つけ止りを縫う

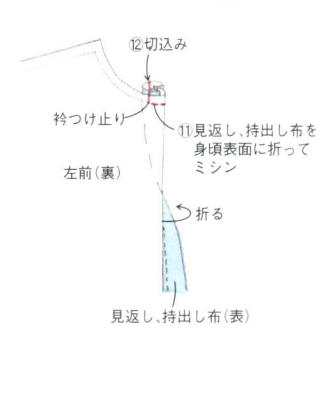

7 左前端にステッチをかける

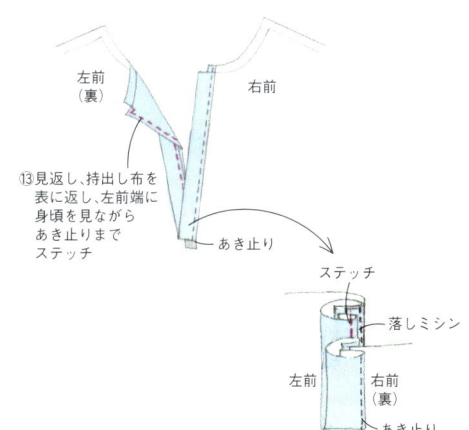

●袖口の縫い方A

point
袖口の短冊あきは、裏面に短冊布や持出し布の布端が見えないように仕上がる縫い方です。短冊布や持出し布は、パーツが小さいのであらかじめ出来上りにアイロンで折っておくと作業がスムーズに進みます。カフスは、表カフス、裏カフスを縫い返してから袖につけます。

【袖口のあきの作り方】

1 短冊布と持出し布を出来上りに折る
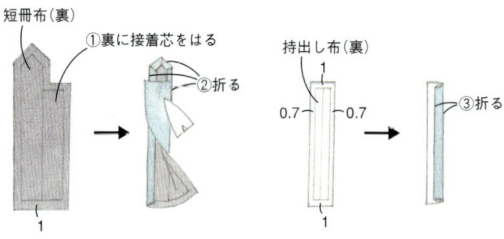

2 短冊布と持出し布を縫いつける
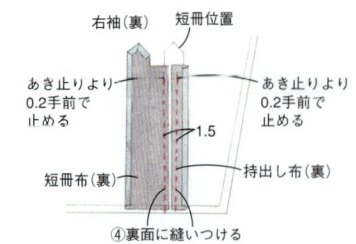

3 切込みを入れる
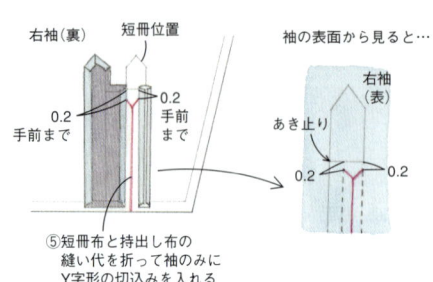

4 持出し布をステッチでとめる
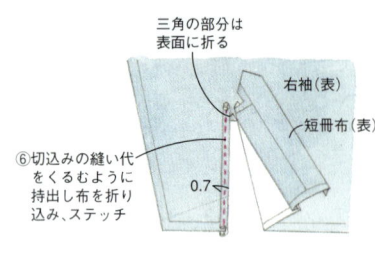

5 短冊布をとめつける
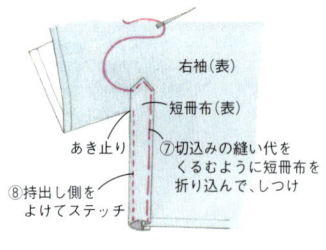

6 とめミシンをかける
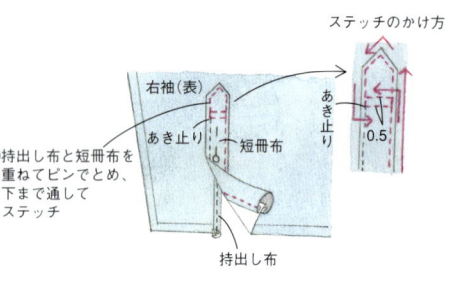

【カフスの縫い方とつけ方】

1 カフスを作る
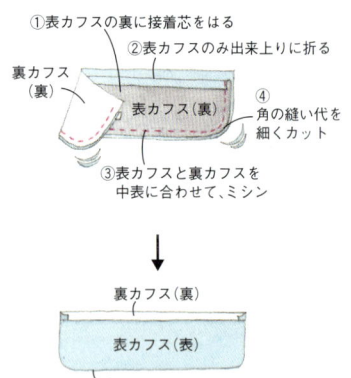

2 袖口に裏カフスを縫いつける
3 表カフスをしつけでとめる
4 表カフス側からステッチをかける

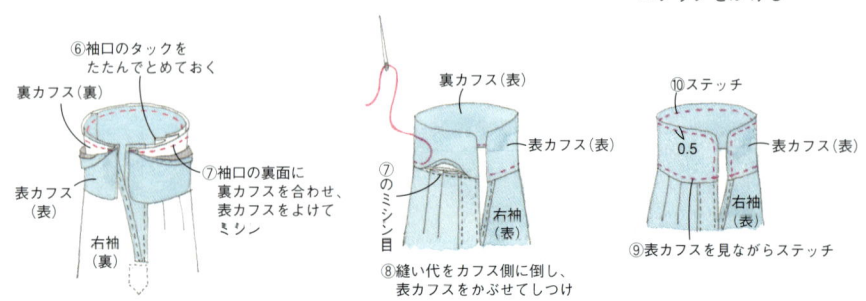

●袖口の縫い方B

point

袖口のスリットあきは、袖口に切込みを入れ、縁とり布でくるむ方法。
カフスは、袖口に縫いつけてから縫い返して形作ります。

【袖口のあきの作り方】

1 切込みを入れる

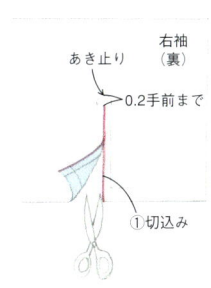

2 縁とり布を縫いつける

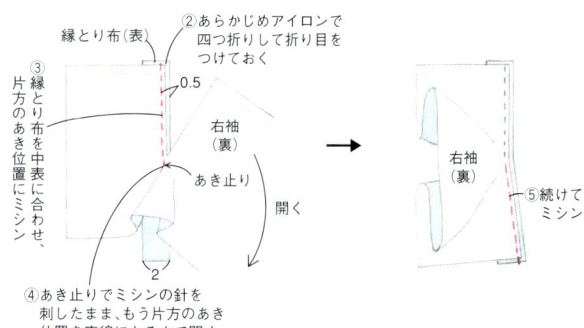

3 縁とり布を折って縫う

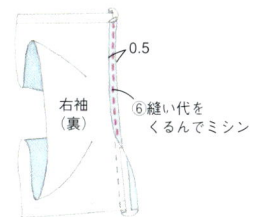

4 とめミシンをかける

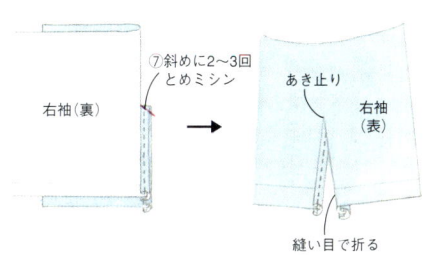

【カフスの縫い方とつけ方】

1 カフスの縫い代を折る

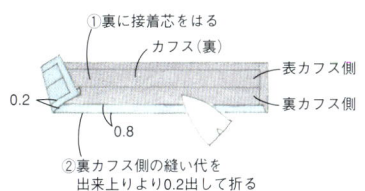

2 袖口にギャザーを寄せる

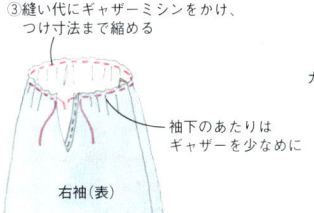

3 袖口にカフスを縫いつける

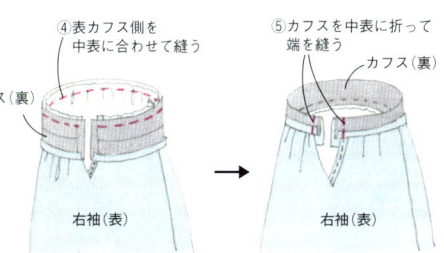

4 カフスを表に返して、しつけをする

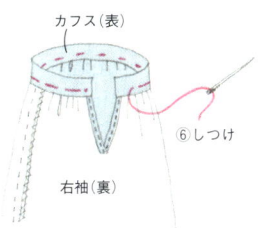

5 表カフス側からステッチをかける

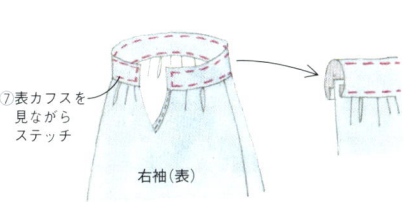

31

● スタンドカラー

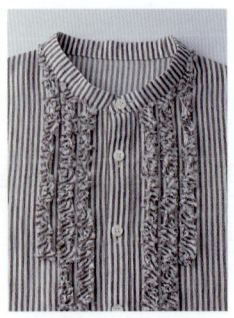

point
衿を縫い返してから、身頃につける一般的な縫い方です。

1 中表に合わせてミシン

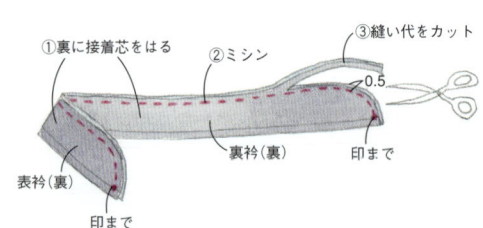

2 縫い代を折る

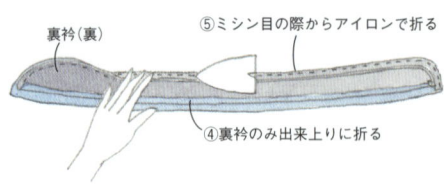

3 表に返す

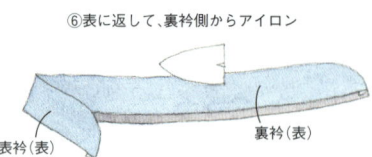

4 身頃に表衿を合わせてしつけをかける

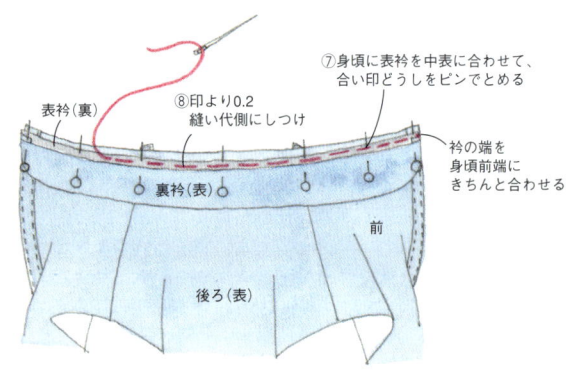

5 衿つけミシンをかける

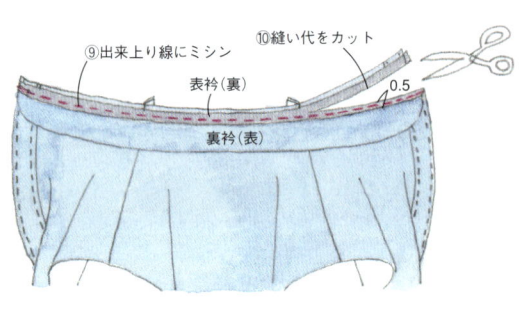

6 裏衿にしつけをかける

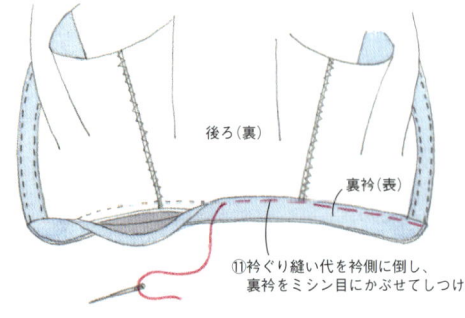

7 表衿側からステッチをかける

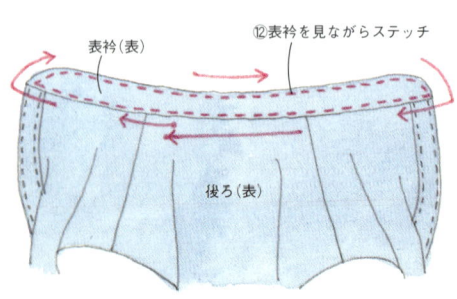

how to do sewing

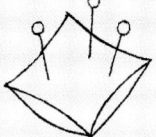 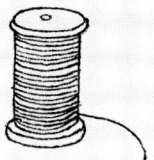 

作る前に……

●出来上り寸法は参考までに

この本の実物大パターンは3サイズありますので、右の参考寸法表をから自分のヌード寸法にいちばん近いサイズのパターンを使います。作り方ページにある出来上り寸法には、その服に必要なゆるみがプラスしてあります。ヌード寸法と出来上り寸法は違うので、そこに注意してください。

参考寸法表　(cm)

名称＼サイズ	9号	11号	13号
バスト	82	85	88
ウエスト	64	67	70
ヒップ	90	93	96
背丈	39	39	39
袖丈	54	54	54
身長	163	163	163

●糸と針のこと

この本の作品のミシン糸はすべて「シャッペスパン」を使っています。布の地色と同色の糸を使うのがベストです。買うときにはぎれを持って行って、布地の上に糸を置いてみます。なるべく糸が目立たないものを選びましょう。ミシン針は基本的に9、11、14番を持っていれば大丈夫です。ちなみに針目の長さは3cmの中に16針前後が普通です。右の表を参考に糸と針を選んでください。

布地	ミシン糸	ミシン針
薄地　ローン　ボイル など	#90	#9
ブロード　サッカー など	#60	#11
厚地　デニム　ギャバジン など	#50　#60	#14

＊布地は綿、麻、化繊の場合
＊ミシン糸はすべて「シャッペスパン」

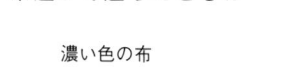

糸選びで迷ったときは……

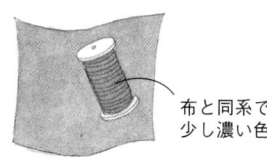

濃い色の布 — 布と同系で少し濃い色

淡い色の布 — 布と同系で少し淡い色

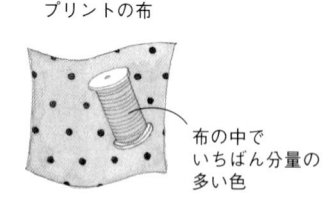

プリントの布 — 布の中でいちばん分量の多い色

●右前？ 左前？

前あきの洋服は女性は右前、男性は左前という暗黙のルールがありましたが、最近は女性の既製服でも左前が多くなっています（メンズっぽいデザインの服は特に）。特に決まりはないので好みでいいと思います。この本では左前が多いのですが、右前にしたい場合は、ボタンつけ位置とボタンホール（短冊がある場合は短冊も）を逆にしてください。

● **布を裁断する前に地直しをします**

布地はたて糸とよこ糸で織られています。たて糸とよこ糸が直角に交差している状態を正しい布目（布目が通っている）といいます。布目がゆがんでいると形くずれの原因になるので、布を裁つ前に地直しをします。パターン上にある布目線は、布のたて糸の方向（耳にそっているほう）を示しています。

【布目にゆがみがないかチェックします】

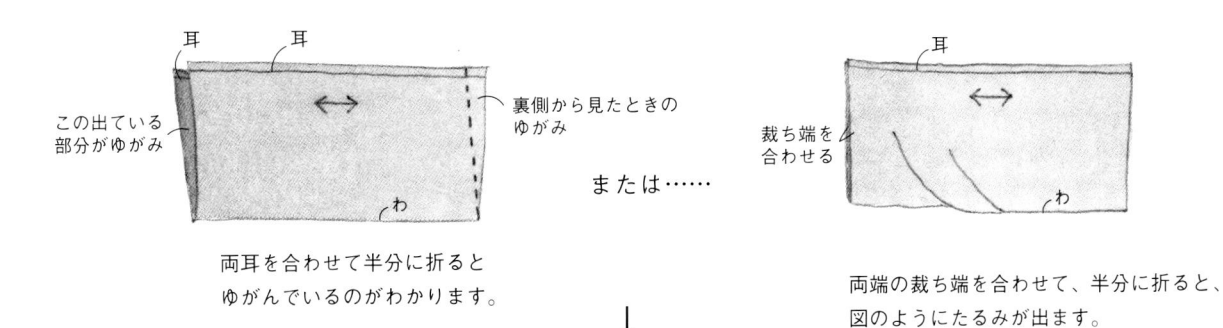

両耳を合わせて半分に折るとゆがんでいるのがわかります。

または……

両端の裁ち端を合わせて、半分に折ると、図のようにたるみが出ます。

【布目を正しい位置に戻します】

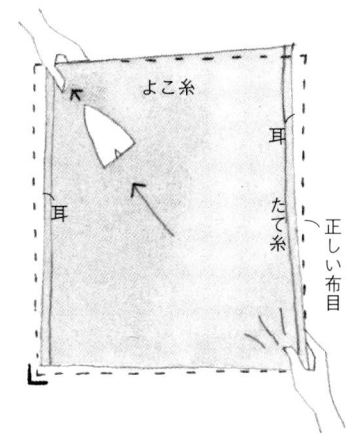

両手でゆがみと反対方向に引いてアイロンで布目を整えます。

縮みが気になる布は？

麻や綿麻など、麻が入っている布は縮みやすいので、水通ししておくと安心です。
＊タンブラー加工やワッシャー加工をしてある布地は、その工程で縮ませてあるのでアイロンで布目をととのえます。

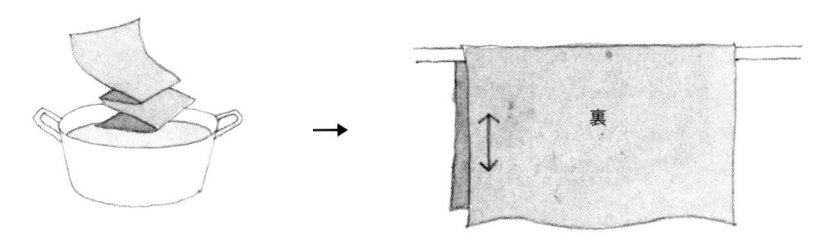

しわにならないようにたたんで水に浸します。30分～1時間くらい。

ごく軽く洗濯機で脱水して干し、生乾きの状態で、布目を整えながらアイロンをかけます。

a standard shirt page 5

スタンダードシャツ

●材料
表布（麻）100cm幅1.8m
接着芯（表上衿、台衿、表カフス）90cm幅50cm
ボタン直径1.1cmを9個

●用意するパターンと裁つ枚数（A・表面）
前2枚、後ろ1枚、ヨーク2枚、袖2枚、カフス4枚、上衿2枚、
台衿2枚、ポケット1枚、袖口短冊布2枚、袖口持出し布2枚、
布ループ用バイアステープ1枚（裁合せ図を参照してじか裁ちする）

●裁合せ図

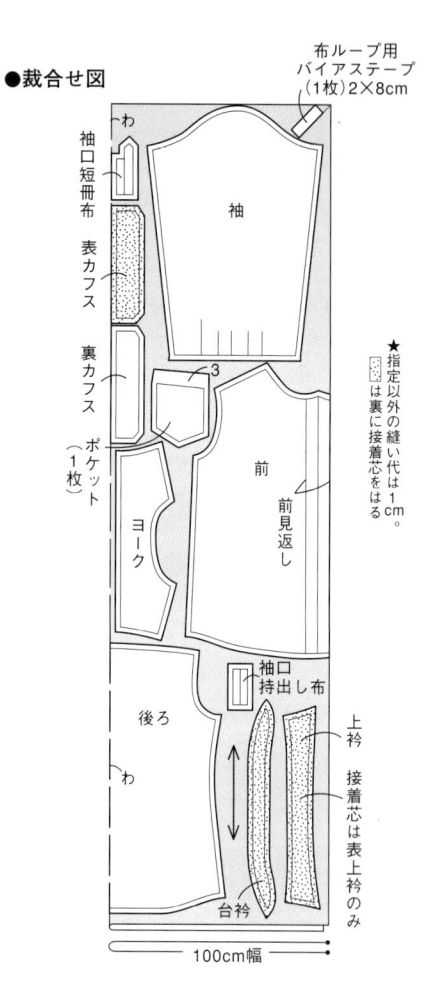

★指定以外の縫い代は1cm。
指定以外は裏に接着芯をはる。

●縫い方順序

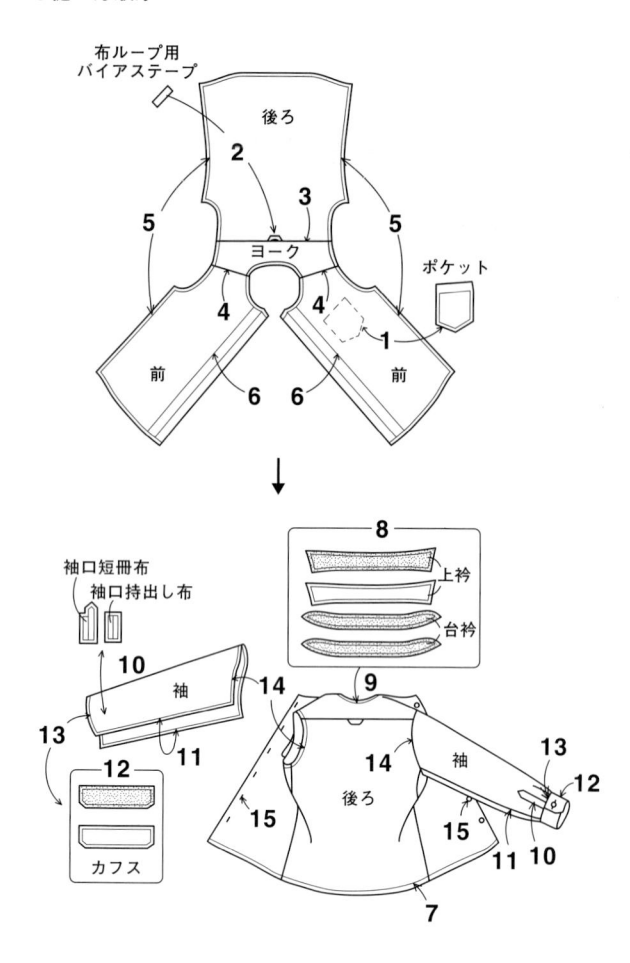

1. ポケットを作ってつける
2. 布ループを作って、後ろ身頃に仮どめする
3. 後ろ身頃とヨークを縫い合わせる（→ p.39）
4. ヨークと前身頃を縫い合わせる（→ p.39）
5. 脇を縫って、ステッチをかける
6. 前見返しを中表に三つ折りし、前裾を縫い返す
7. 裾に三つ折り端ミシンをかけ（→ p.49）、前見返し奥にステッチをかける
8. 衿を作る
9. 衿をつける（→ p.32）
10. 袖口あきを作る（→ p.30）
11. 袖下を縫って、ステッチをかける
12. カフスを作る（→ p.30）
13. 袖口のタックをたたんで、カフスをつける（→ p.30）
14. 身頃に袖をつける（→ p.40）
15. ボタンホールを作って、ボタンをつける

出来上り寸法 (cm)

名称＼サイズ	9	11	13
バスト	94	97	100
着丈	65	65	65

1 ポケットを作ってつける

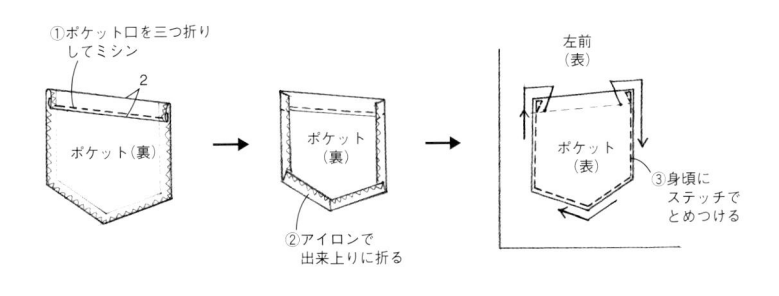

①ポケット口を三つ折りしてミシン
ポケット（裏）
2
→
ポケット（裏）
②アイロンで出来上がりに折る
→
左前（表）
ポケット（表）
③身頃にステッチでとめつける

2 布ループを作って、後ろ身頃に仮どめする

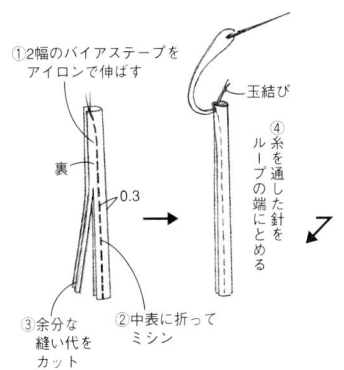

①2幅のバイアステープをアイロンで伸ばす
裏
0.3
③余分な縫い代をカット
②中表に折ってミシン
→
④糸を通した針をループの端にとめる
玉結び

8 衿を作る

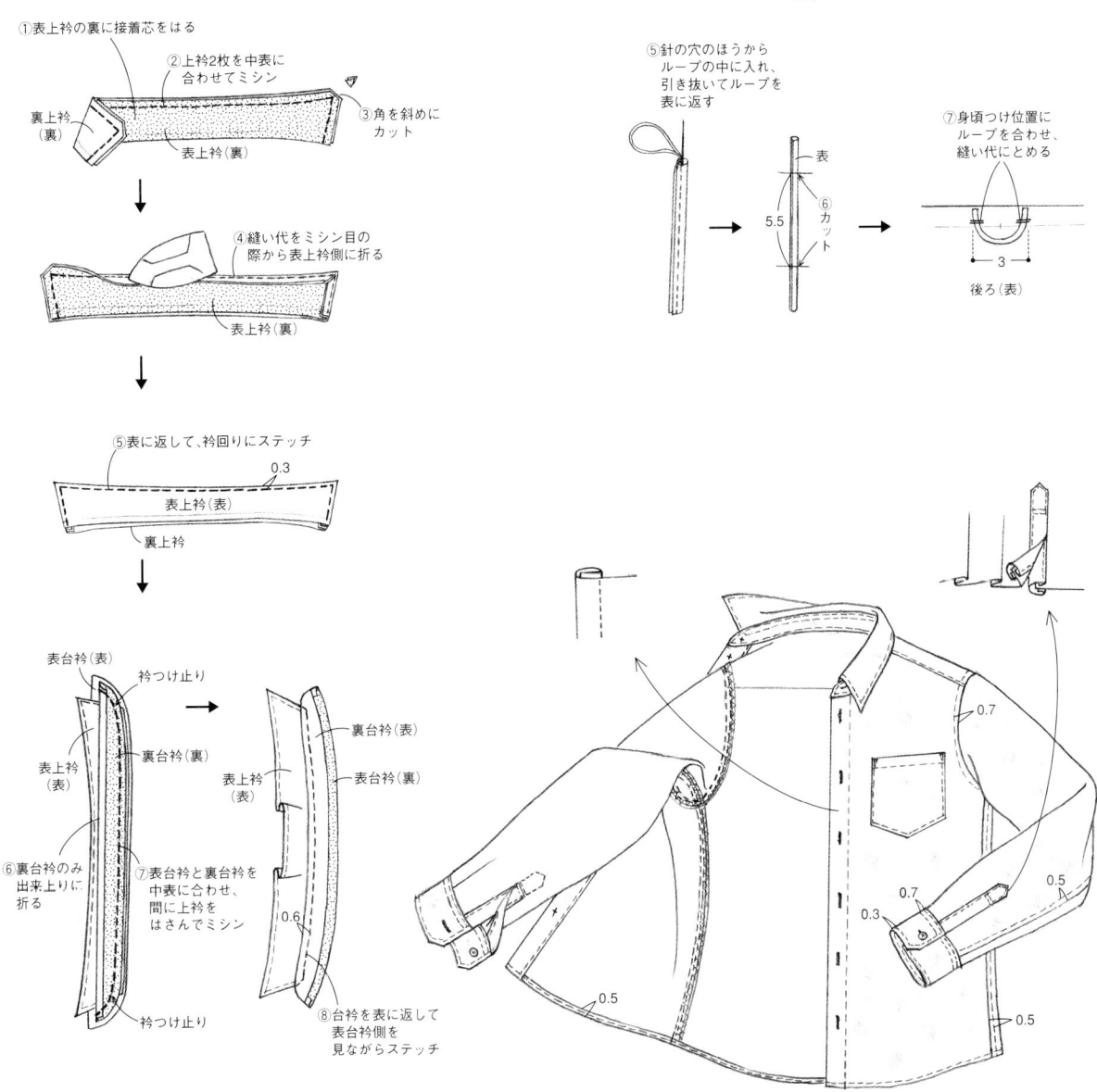

①表上衿の裏に接着芯をはる
②上衿2枚を中表に合わせてミシン
裏上衿（裏）
表上衿（裏）
③角を斜めにカット

↓

④縫い代をミシン目の際から表上衿側に折る
表上衿（裏）

↓

⑤表に返して、衿回りにステッチ
0.3
表上衿（表）
裏上衿

↓

⑤針の穴のほうからループの中に入れ、引き抜いてループを表に返す
→
表
5.5
⑥カット
→
⑦身頃つけ位置にループを合わせ、縫い代にとめる
3
後ろ（表）

表台衿（表）
衿つけ止り
裏台衿（裏）
表上衿（表）
⑥裏台衿のみ出来上がりに折る
→
裏台衿（表）
表上衿（表）
表台衿（裏）
0.6
⑦表台衿と裏台衿を中表に合わせ、間に上衿をはさんでミシン
衿つけ止り
⑧台衿を表に返して表台衿側を見ながらステッチ

0.7
0.5
0.7
0.3
0.5
0.5

b puff sleeved one-piece
page 6
パフスリーブのワンピース

●材料

表布（コットン）112cm幅1.8m
別布（シーチング）113cm幅50cm
接着芯（表上衿、台衿、カフス、タブ）90cm幅50cm
ボタン直径1.1cmを7個

●用意するパターンと裁つ枚数（A・表面）

前1枚、後ろ1枚、ヨーク2枚、袖2枚、カフス2枚、短冊布2枚、上衿2枚、台衿2枚、タブ1枚

●裁合せ図

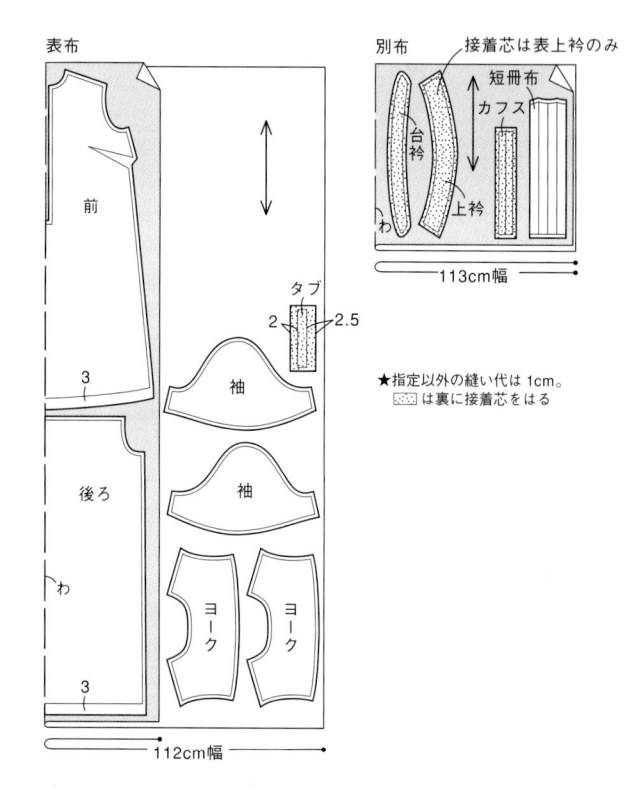

★指定以外の縫い代は1cm。
は裏に接着芯をはる

●縫い方順序

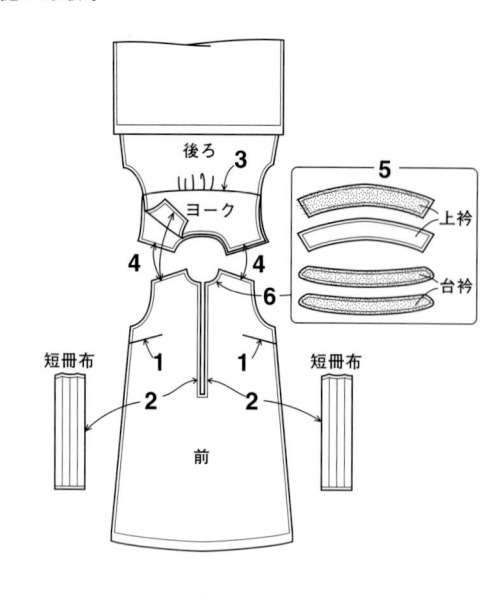

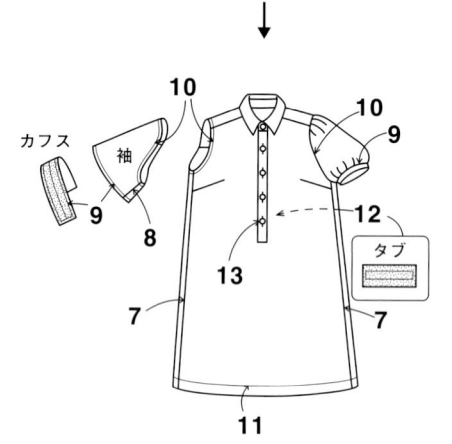

1 ダーツを縫う
2 前あきを作る
3 後ろ身頃にギャザーを寄せて、ヨークと縫い合わせる
4 ヨークと前身頃を縫い合わせる
5 衿を作る（→ p.37）
6 衿をつける（→ p.32）
7 脇を縫う
8 袖下を縫う
9 袖口にギャザーを寄せて、カフスをつける
10 袖山にギャザーを寄せて袖をつける
11 裾を三つ折りにして縫う
12 タブを作ってつける
13 ボタンホールを作って、ボタンをつける

出来上り寸法 (cm)

名称＼サイズ	9	11	13
バスト	101	104	107
着丈	90	90	90

2 前あきを作る

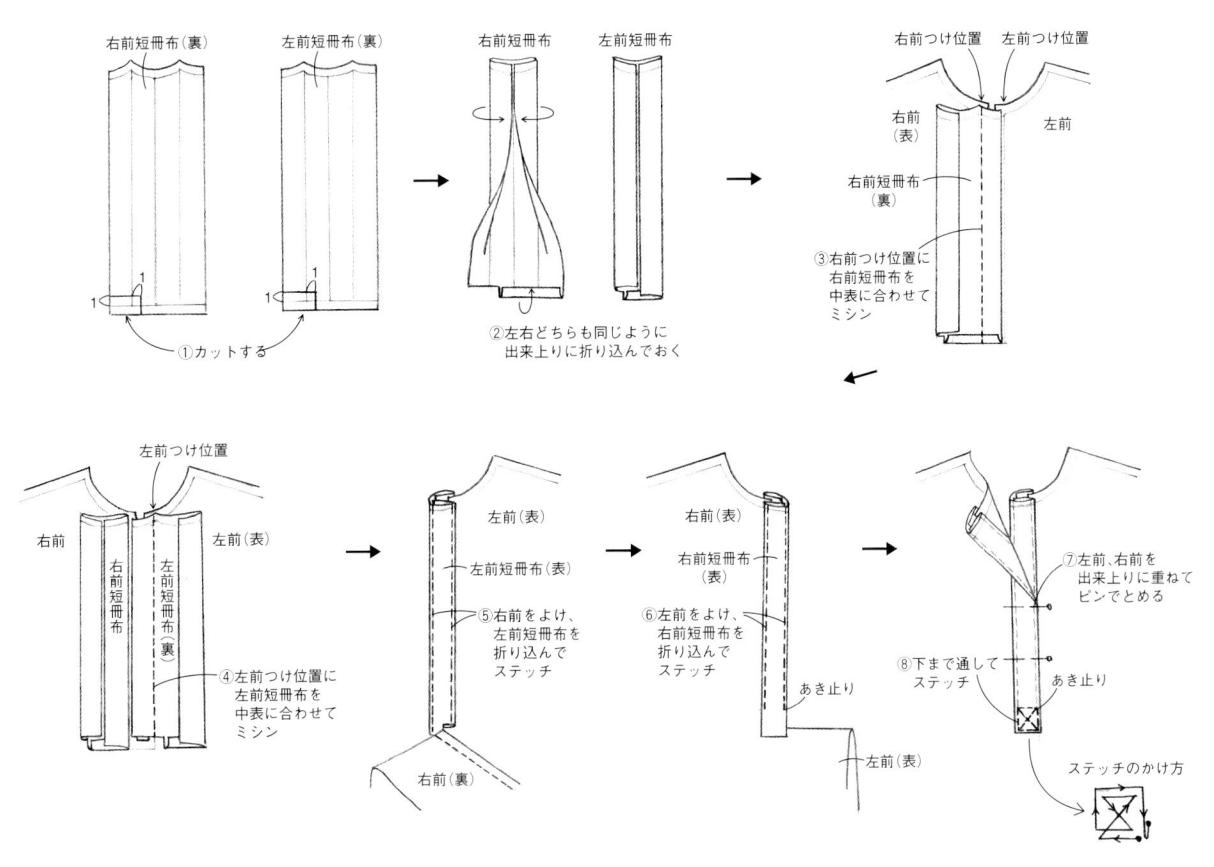

右前短冊布(裏) 左前短冊布(裏)　右前短冊布　左前短冊布　右前つけ位置　左前つけ位置

①カットする

②左右どちらも同じように出来上がりに折り込んでおく

③右前つけ位置に右前短冊布を中表に合わせてミシン

左前つけ位置

右前　左前(表)

右前短冊布(裏)　左前短冊布(裏)

④左前つけ位置に左前短冊布を中表に合わせてミシン

左前(表)　左前短冊布(表)

⑤右前をよけ、左前短冊布を折り込んでステッチ

右前(裏)

右前(表)　右前短冊布(表)

⑥左前をよけ、右前短冊布を折り込んでステッチ

あき止り　左前(表)

⑦左前、右前を出来上がりに重ねてピンでとめる

⑧下まで通してステッチ

あき止り

ステッチのかけ方

3 後ろ身頃にギャザーを寄せて、ヨークと縫い合わせる

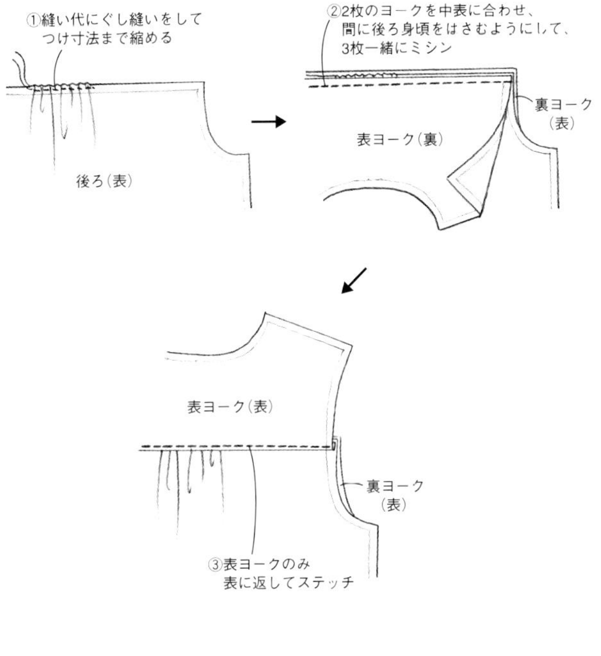

①縫い代にぐし縫いをしてつけ寸法まで縮める

②2枚のヨークを中表に合わせ、間に後ろ身頃をはさむようにして、3枚一緒にミシン

表ヨーク(裏)　裏ヨーク(表)

後ろ(表)

表ヨーク(表)　裏ヨーク(表)

③表ヨークのみ表に返してステッチ

4 ヨークと前身頃を縫い合わせる

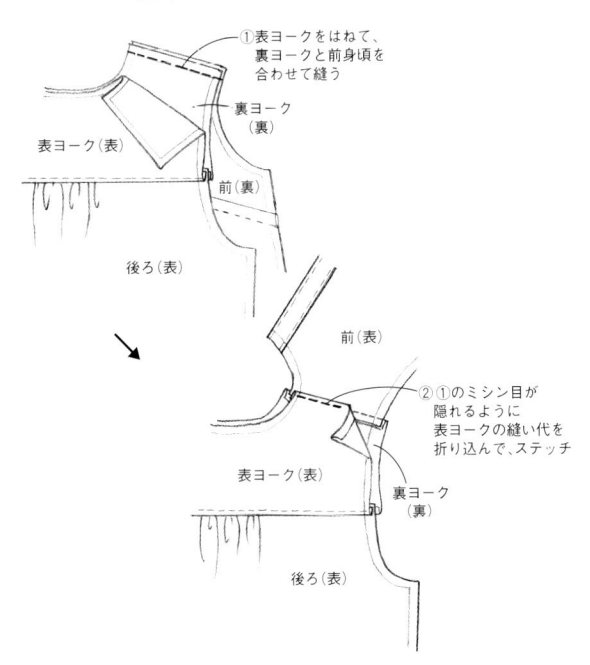

①表ヨークをはねて、裏ヨークと前身頃を合わせて縫う

表ヨーク(裏)　裏ヨーク　前(裏)

後ろ(表)

前(表)

②①のミシン目が隠れるように表ヨークの縫い代を折り込んで、ステッチ

表ヨーク(表)　裏ヨーク(裏)

後ろ(表)

39

9 袖口にギャザーを寄せて、カフスをつける

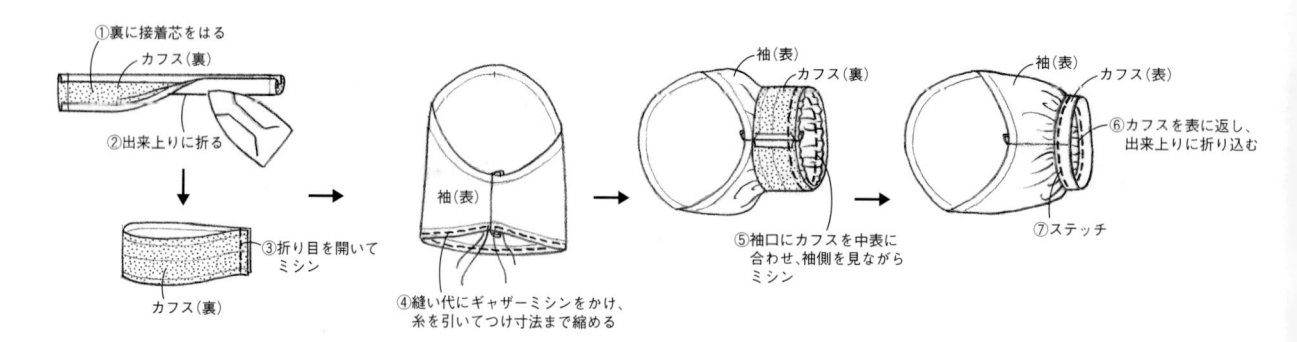

①裏に接着芯をはる
カフス(裏)
②出来上りに折る
③折り目を開いてミシン
カフス(裏)
袖(表)
④縫い代にギャザーミシンをかけ、糸を引いてつけ寸法まで縮める
袖(表)
カフス(裏)
⑤袖口にカフスを中表に合わせ、袖側を見ながらミシン
袖(表)
カフス(表)
⑥カフスを表に返し、出来上りに折り込む
⑦ステッチ

10 袖山にギャザーを寄せて袖をつける

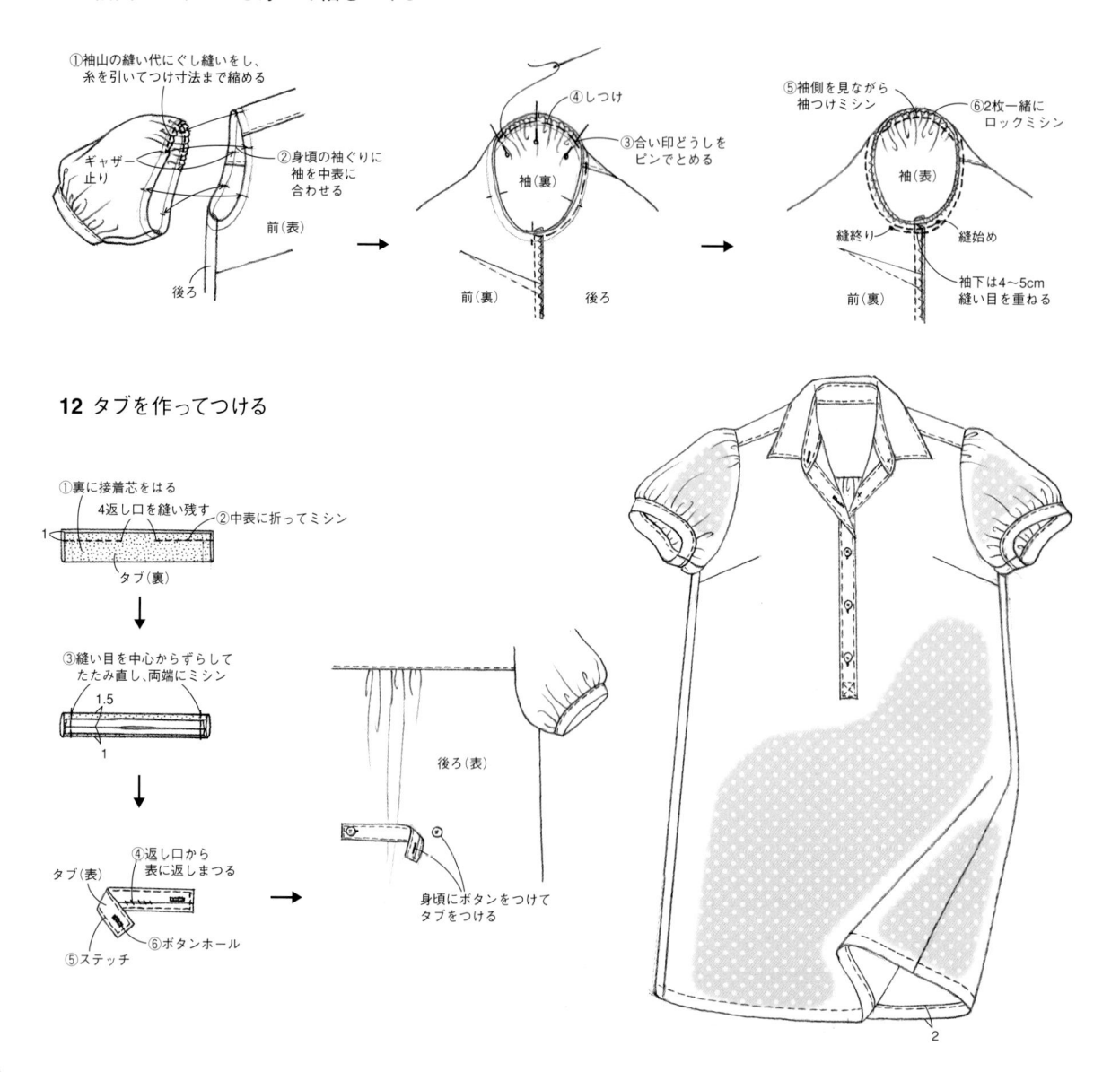

①袖山の縫い代にぐし縫いをし、糸を引いてつけ寸法まで縮める
ギャザー止り
②身頃の袖ぐりに袖を中表に合わせる
前(表)
後ろ
④しつけ
③合い印どうしをピンでとめる
袖(裏)
前(裏)
後ろ
⑤袖側を見ながら袖つけミシン
⑥2枚一緒にロックミシン
袖(表)
縫終り
縫始め
袖下は4〜5cm縫い目を重ねる
前(裏)

12 タブを作ってつける

①裏に接着芯をはる
④返し口を縫い残す
②中表に折ってミシン
1
タブ(裏)

③縫い目を中心からずらしてたたみ直し、両端にミシン
1.5
1

タブ(表)
④返し口から表に返しまつる
⑤ステッチ
⑥ボタンホール

後ろ(表)
身頃にボタンをつけてタブをつける

2

e marine border shirt
page 10
マリンボーダーのシャツ

●材料
表布（ウール、コットン、リネンの混紡）106cm幅1.7m
接着芯（表衿、前見返し）90cm幅50cm
ボタン直径1.5cmを2個

●用意するパターンと裁つ枚数（A・表面）
前1枚、後ろ1枚、袖2枚、衿2枚、前見返し1枚（表身頃のパターンから写し取って作る）、ボタンつけひも1枚（裁合せ図を参照してじか裁ちする）

●裁合せ図

★指定以外の縫い代は1cm。
▨は裏に接着芯をはる

●縫い方順序

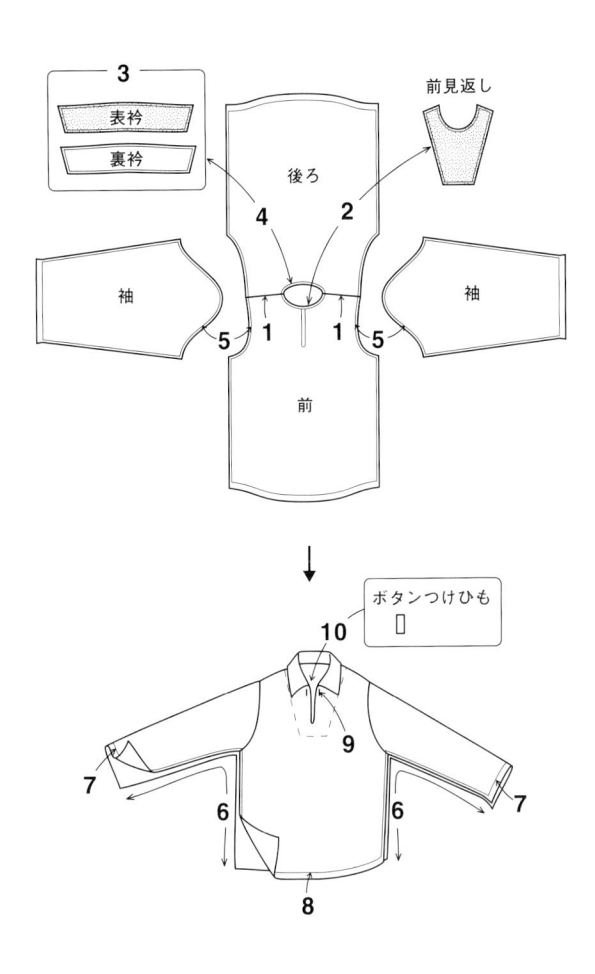

1 肩を縫う
2 前あきを作る（→ p.28）
3 衿を作る
4 衿をつけて、あきと前見返しの回りにステッチをかける
5 身頃に袖をつける
6 袖下と脇を続けて縫う
7 袖口を三つ折りにして縫う
8 裾を三つ折りにして縫う
9 ボタンホールを作る
10 ボタンつけひもを作って、ボタンをつける

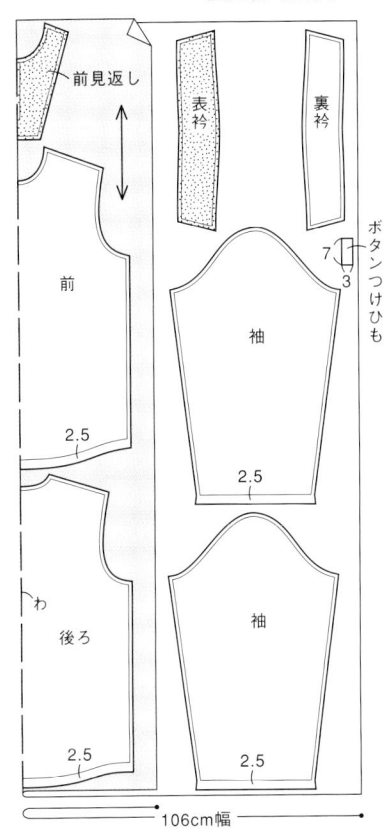

出来上り寸法 （cm）

名称＼サイズ	9	11	13
バスト	98	101	104
着丈	64	64	64

3 衿を作る

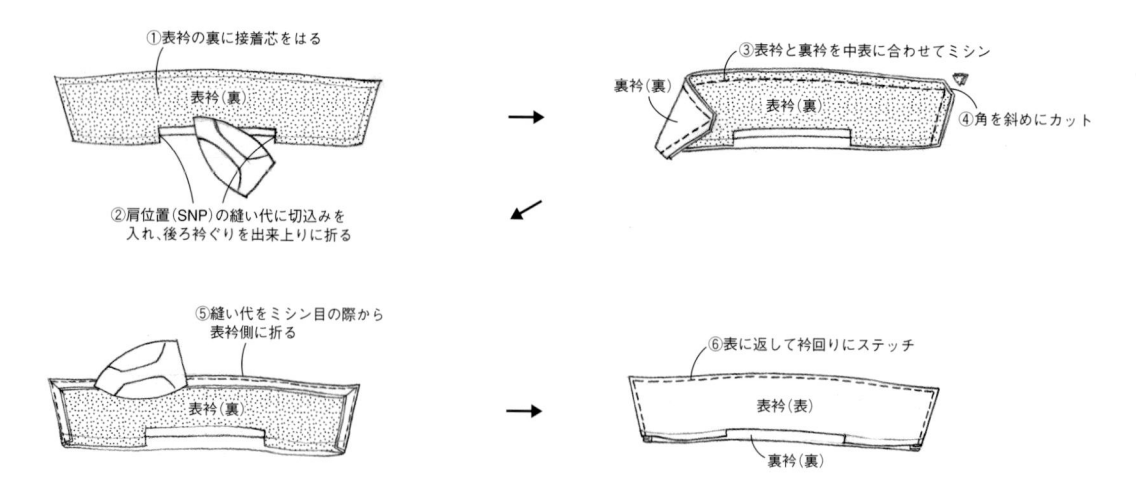

①表衿の裏に接着芯をはる

②肩位置(SNP)の縫い代に切込みを入れ、後ろ衿ぐりを出来上りに折る

③表衿と裏衿を中表に合わせてミシン

④角を斜めにカット

⑤縫い代をミシン目の際から表衿側に折る

⑥表に返して衿回りにステッチ

4 衿をつけて、あきと前見返しの回りにステッチをかける

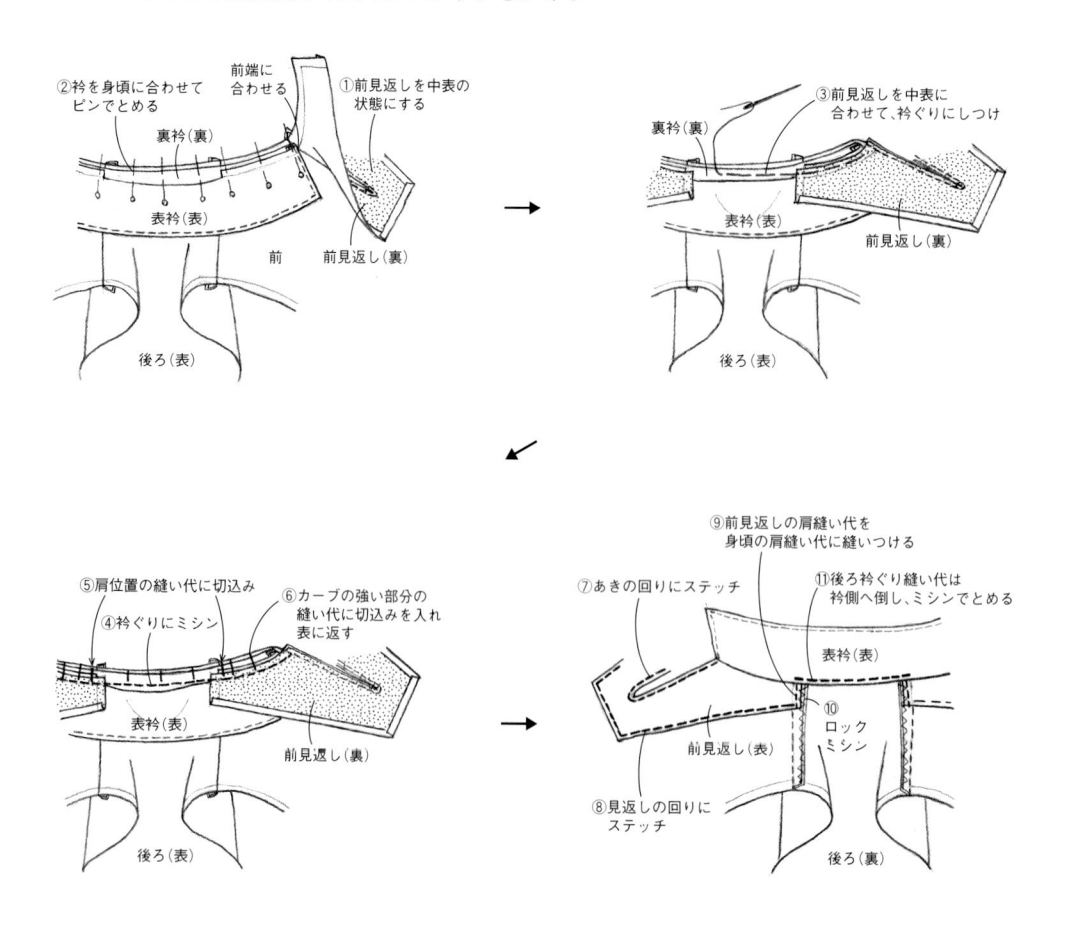

①前見返しを中表の状態にする

②衿を身頃に合わせてピンでとめる

前端に合わせる

③前見返しを中表に合わせて、衿ぐりにしつけ

④衿ぐりにミシン

⑤肩位置の縫い代に切込み

⑥カーブの強い部分の縫い代に切込みを入れ表に返す

⑦あきの回りにステッチ

⑧見返しの回りにステッチ

⑨前見返しの肩縫い代を身頃の肩縫い代に縫いつける

⑩ロックミシン

⑪後ろ衿ぐり縫い代は衿側へ倒し、ミシンでとめる

5 身頃に袖をつける

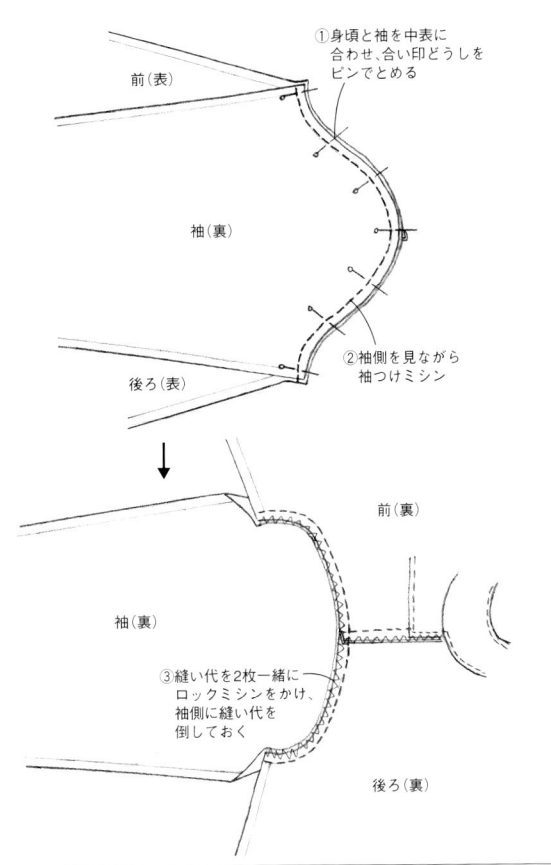

①身頃と袖を中表に合わせ、合い印どうしをピンでとめる

前(表)
袖(裏)
後ろ(表)

②袖側を見ながら袖つけミシン

前(裏)
袖(裏)
後ろ(裏)

③縫い代を2枚一緒にロックミシンをかけ、袖側に縫い代を倒しておく

6 袖下と脇を続けて縫う

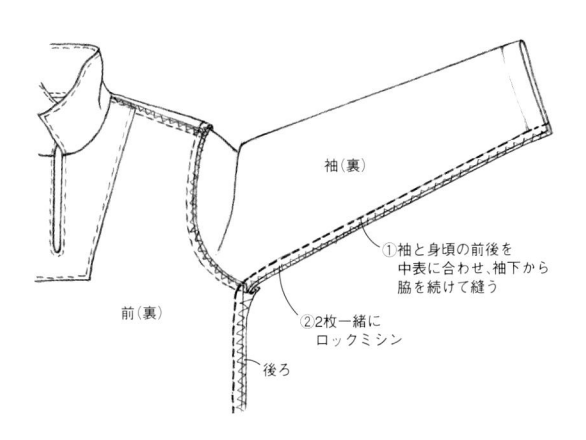

袖(裏)
前(裏)
後ろ

①袖と身頃の前後を中表に合わせ、袖下から脇を続けて縫う

②2枚一緒にロックミシン

10 ボタンつけひもを作って、ボタンをつける

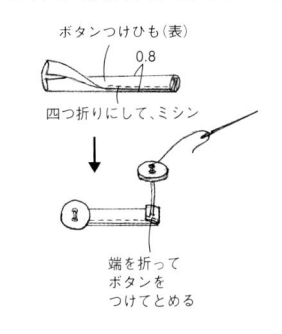

ボタンつけひも(表)
0.8
四つ折りにして、ミシン

端を折ってボタンをつけてとめる

Technique 柄合せのコツを知りたい

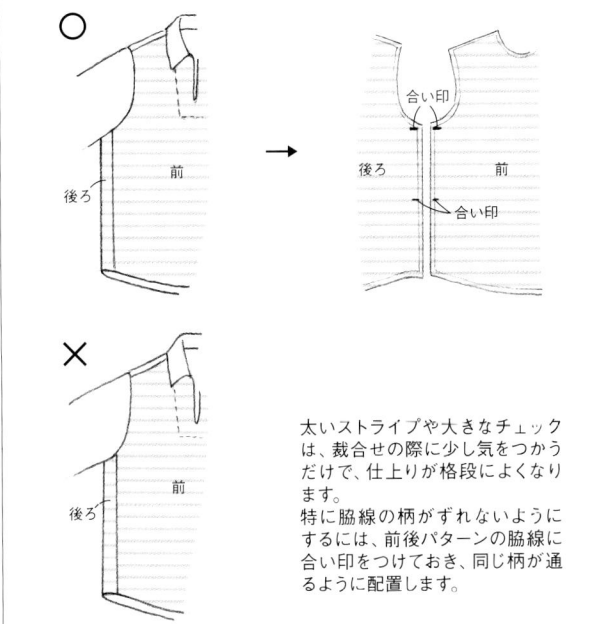

○
後ろ　前
合い印
後ろ　前
合い印

×
後ろ　前
後ろ　前

太いストライプや大きなチェックは、裁合せの際に少し気をつかうだけで、仕上がりが格段によくなります。
特に脇線の柄がずれないようにするには、前後パターンの脇線に合い印をつけておき、同じ柄が通るように配置します。

1.5

1.5

C sleeve-less shirt page 7
ノースリーブのシャツ

●材料
表布（コットン）113cm幅1.3m
接着芯（表上衿、台衿）90cm幅50cm
ボタン直径1.1cmを5個、直径0.9cmを2個

●用意するパターンと裁つ枚数（A・表面）
前1枚、後ろ1枚、ヨーク2枚、短冊布2枚、上衿2枚、台衿2枚、袖ぐり用バイアステープ2枚（裁合せ図を参照してじか裁ちする）

●縫い方順序

●裁合せ図

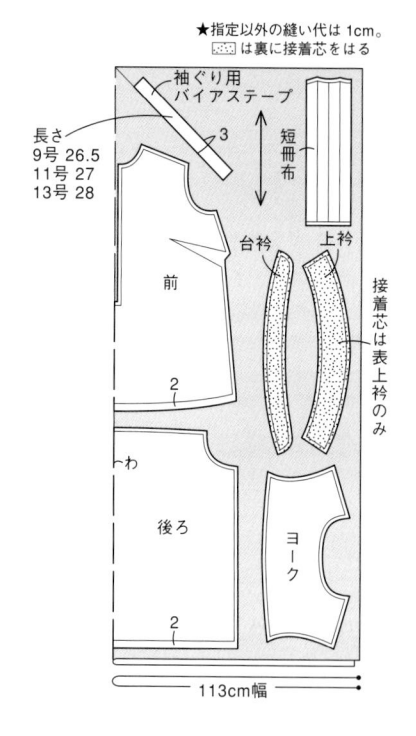

★指定以外の縫い代は1cm。
▨は裏に接着芯をはる

袖ぐり用バイアステープ
長さ
9号 26.5
11号 27
13号 28

短冊布
台衿
上衿
前
接着芯は表上衿のみ
わ
後ろ
ヨーク
113cm幅

出来上り寸法 (cm)

名称＼サイズ	9	11	13
バスト	100	103	106
着丈	58	58	58

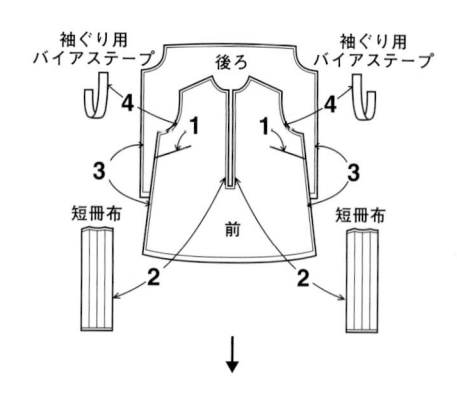

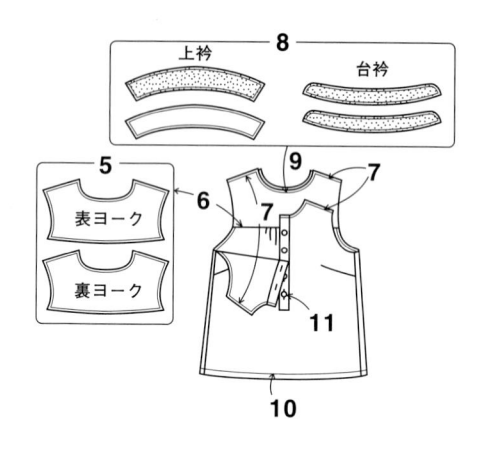

1 ダーツを縫う
2 前あきを作る（→ p.39）
3 脇を縫う
4 袖ぐりをバイアステープで始末する
5 ヨークを作る
6 後ろ身頃にギャザーを寄せて、ヨークと縫い合わせる
7 ヨークと前身頃を縫い合わせる
8 衿を作る（→ p.37）
9 衿をつける（→ p.32）
10 裾を三つ折りにして縫う
11 ボタンホールを作って、ボタンをつける

4 袖ぐりをバイアステープで始末する

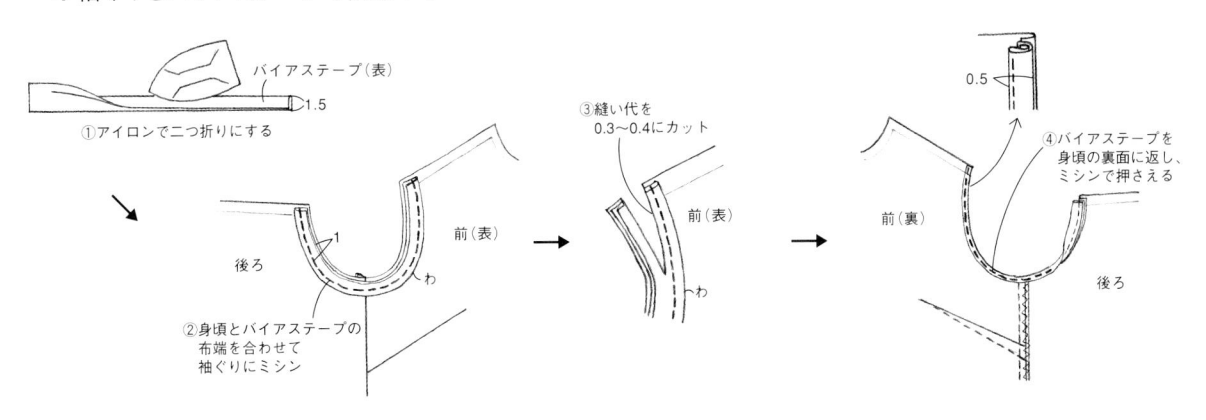

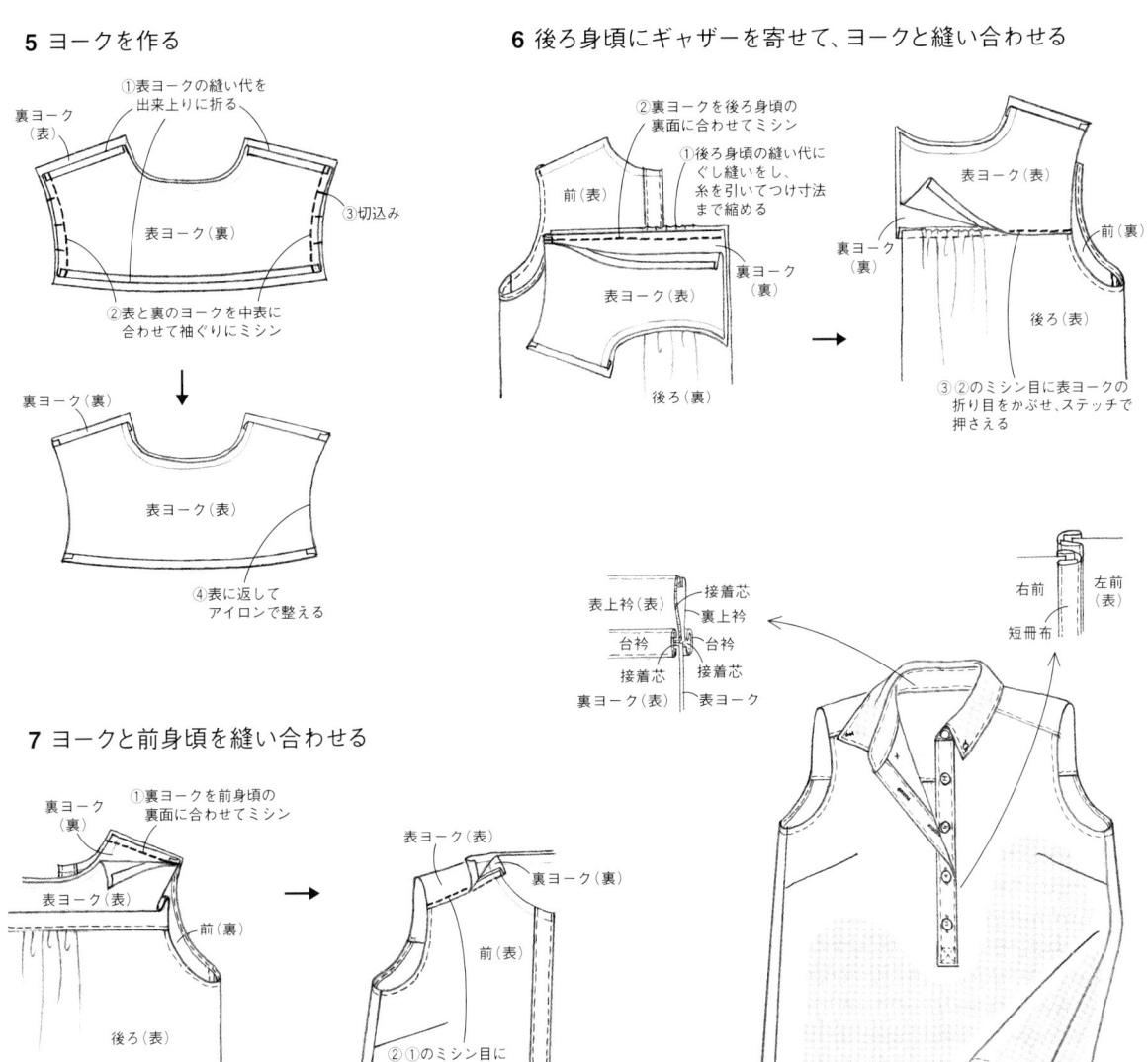

①アイロンで二つ折りにする
バイアステープ(表)
1.5

②身頃とバイアステープの布端を合わせて袖ぐりにミシン

③縫い代を0.3〜0.4にカット

④バイアステープを身頃の裏面に返し、ミシンで押さえる

0.5

5 ヨークを作る

裏ヨーク(表)
①表ヨークの縫い代を出来上りに折る
表ヨーク(裏)
③切込み
②表と裏のヨークを中表に合わせて袖ぐりにミシン

裏ヨーク(裏)
表ヨーク(表)
④表に返してアイロンで整える

6 後ろ身頃にギャザーを寄せて、ヨークと縫い合わせる

②裏ヨークを後ろ身頃の裏面に合わせてミシン
前(表)
①後ろ身頃の縫い代にぐし縫いをし、糸を引いてつけ寸法まで縮める
表ヨーク(表)
裏ヨーク(裏)
後ろ(裏)

表ヨーク(表)
前(裏)
裏ヨーク(裏)
後ろ(表)
③②のミシン目に表ヨークの折り目をかぶせ、ステッチで押さえる

7 ヨークと前身頃を縫い合わせる

裏ヨーク(裏)
①裏ヨークを前身頃の裏面に合わせてミシン
表ヨーク(表)
前(裏)
後ろ(表)

表ヨーク(表)
裏ヨーク(裏)
前(表)
②①のミシン目に表ヨークの折り目をかぶせ、ステッチで押さえる

表上衿(表) — 接着芯
裏上衿
台衿 — 台衿
接着芯 — 接着芯
裏ヨーク(表) — 表ヨーク

右前 左前(表)
短冊布

1

d linen one-piece page 8

麻のワンピース

●材料
表布（麻）110cm幅2.4m
接着芯（表衿、カフス）90cm幅30cm
レース1.5cm幅70cm

●用意するパターンと裁つ枚数（A・表面）
前1枚、後ろ1枚、ヨーク2枚、袖2枚、カフス2枚、衿2枚、前衿ぐり縁とり布1枚、ひもとひも通し布各1枚（裁合せ図を参照してじか裁ちする）

●裁合せ図

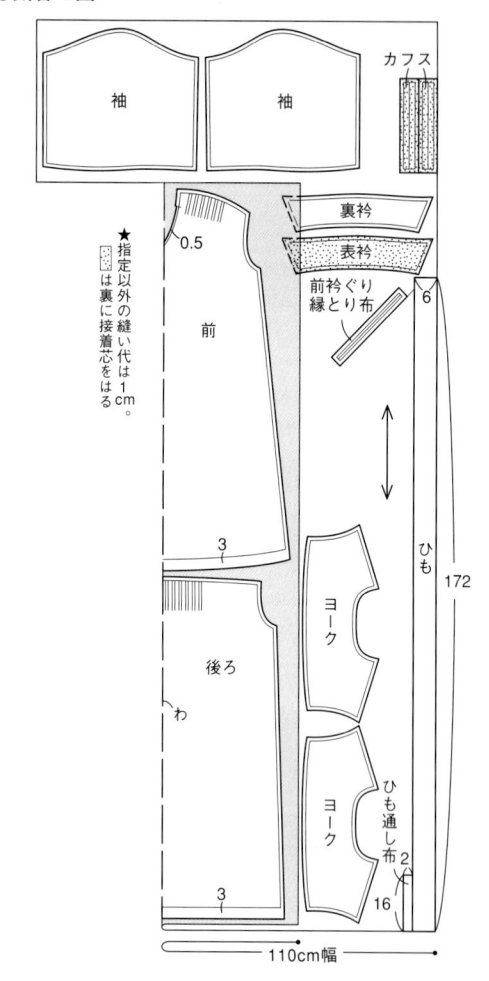

★指定以外の縫い代は1cm。
裏に接着芯をはる。

●縫い方順序

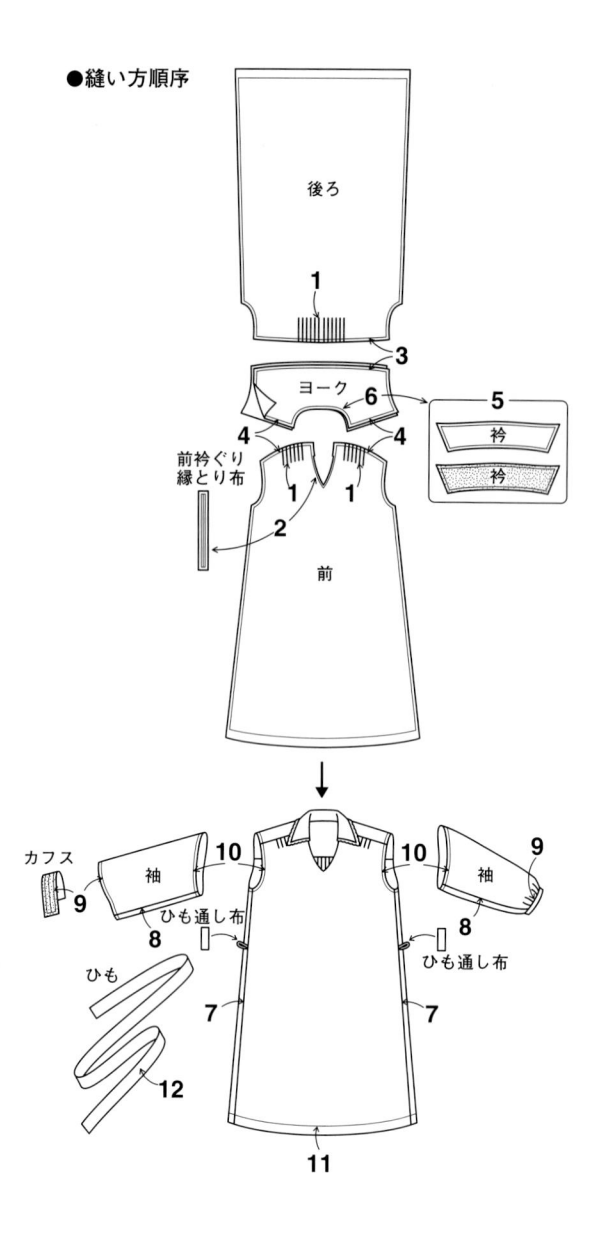

1 前後身頃のピンタックを縫う
2 前衿ぐりを縁とり布でくるむ
3 後ろ身頃とヨークを縫い合わせる（→ p.39）
4 前身頃とヨークを縫い合わせる（→ p.39）
5 衿を作る
6 衿をつける
7 ひも通しを作り、ひも通しはさみ位置につけて脇を縫う
8 袖下を縫う
9 カフスをつける（→ p.40）
10 身頃に袖をつける（→ p.40）
11 裾を三つ折りにして縫う
12 ひもを作る

出来上り寸法 (cm)

サイズ 名称	9	11	13
バスト	111	114	117
着丈	100	100	100

2 前衿ぐりを縁とり布でくるむ

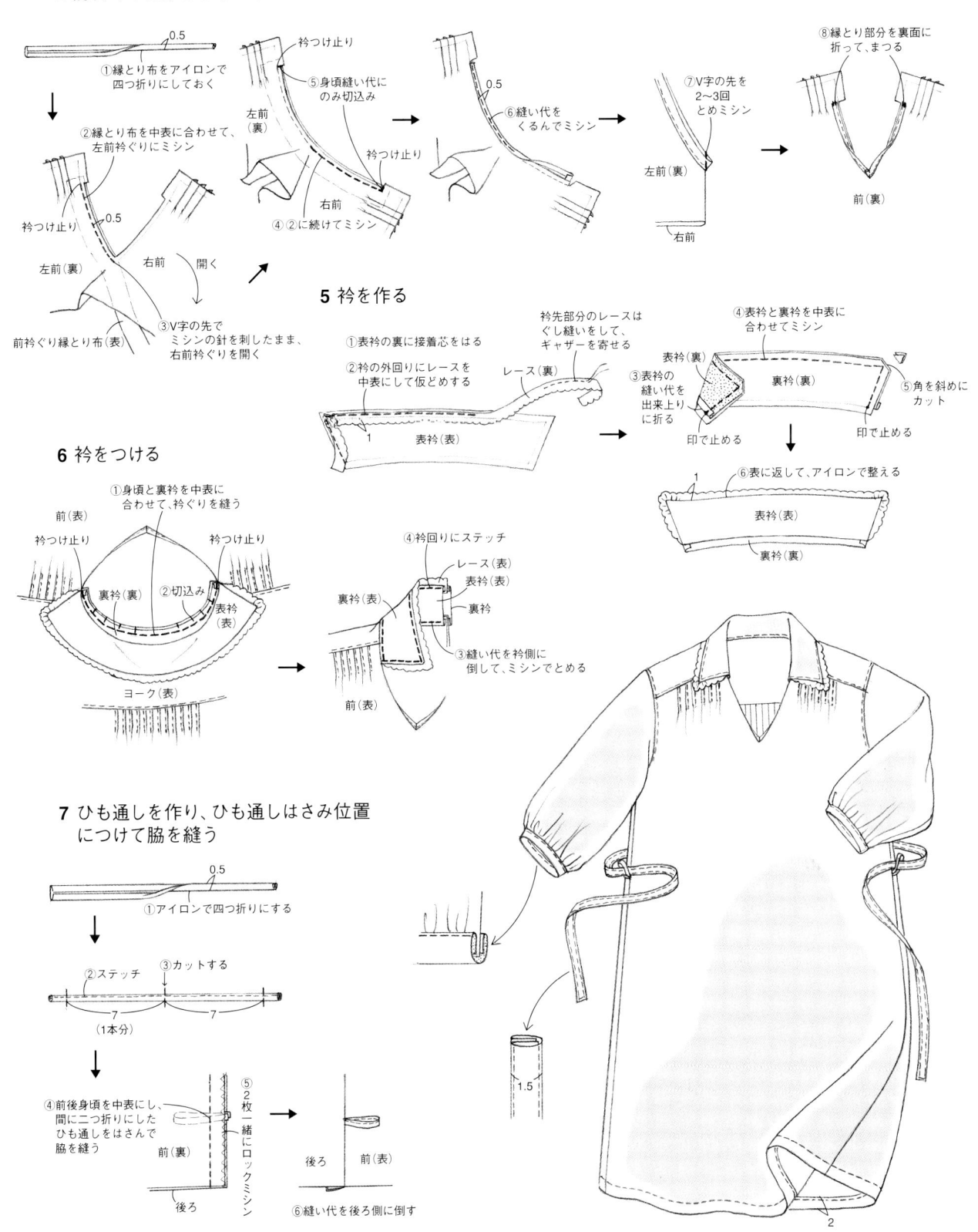

①縁とり布をアイロンで四つ折りにしておく

②縁とり布を中表に合わせて、左前衿ぐりにミシン

衿つけ止り
左前(裏)　右前　開く
前衿ぐり縁とり布(表)

③V字の先でミシンの針を刺したまま、右前衿ぐりを開く

衿つけ止り
⑤身頃縁い代にのみ切込み
左前(裏)　右前(裏)
④②に続けてミシン
衿つけ止り

⑥縫い代をくるんでミシン

⑦V字の先を2〜3回とめミシン
左前(裏)　右前

⑧縁とり部分を裏面に折って、まつる
前(裏)

5 衿を作る

①表衿の裏に接着芯をはる

②衿の外回りにレースを中表にして仮どめする

衿先部分のレースはぐし縫いをして、ギャザーを寄せる

レース(裏)
表衿(表)

④表衿と裏衿を中表に合わせてミシン

③表衿の縫い代を出来上りに折る
印で止める

表衿(裏)　裏衿(裏)

⑤角を斜めにカット
印で止める

⑥表に返して、アイロンで整える
表衿(表)
裏衿(裏)

6 衿をつける

①身頃と裏衿を中表に合わせて、衿ぐりを縫う

前(表)
衿つけ止り
裏衿(裏)
②切込み
表衿(表)
ヨーク(表)

④衿回りにステッチ
レース(表)
表衿(表)
裏衿(表)　裏衿
③縫い代を衿側に倒して、ミシンでとめる
前(表)

7 ひも通しを作り、ひも通しはさみ位置につけて脇を縫う

①アイロンで四つ折りにする

②ステッチ　③カットする
7　7
(1本分)

④前後身頃を中表にし、間に二つ折りにしたひも通しをはさんで脇を縫う
前(裏)　後ろ

⑤2枚一緒にロックミシン

⑥縫い代を後ろ側に倒す
後ろ　前(表)

f stand-up collar shirt
page 11
スタンドカラーのシャツ

●材料
表布（綿麻のシャンブレー）110cm幅1.8m
接着芯（衿、短冊布、表カフス、表フラップ、袖口短冊布）90cm幅50cm
ボタン直径1.3cmを11個

●用意するパターンと裁つ枚数（A・裏面）
前1枚、後ろ1枚、袖2枚、カフス4枚、衿2枚、袖口短冊布2枚、袖口持出し布2枚、短冊布2枚、ポケット2枚、フラップ4枚

●裁合せ図

★指定以外の縫い代は1cm。
▨は裏に接着芯をはる

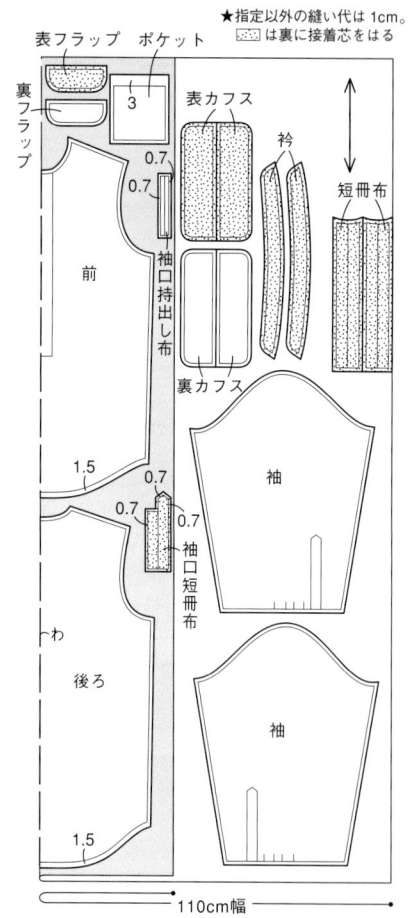

●縫い方順序

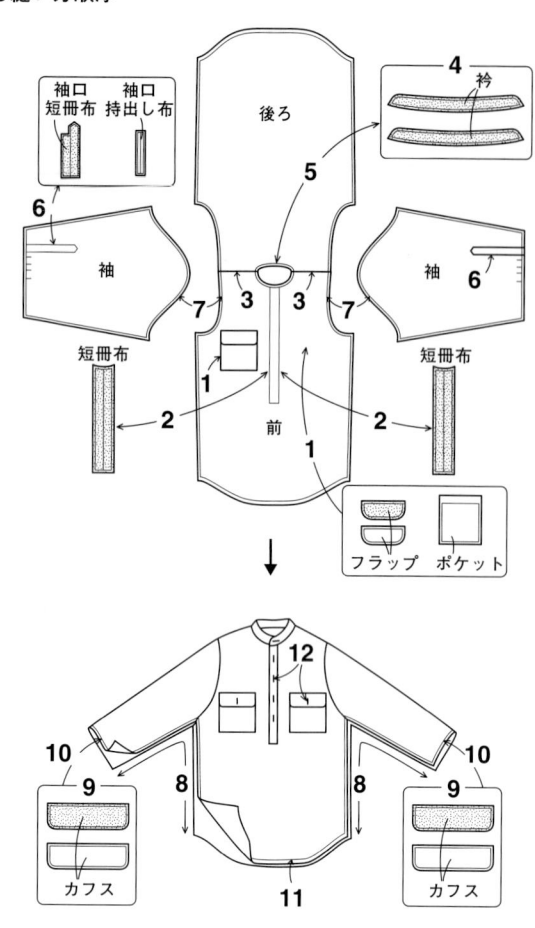

1 ポケットを作ってつける
2 前あきを作る（→ 縫い方はp.28と同じ要領。このシャツは左右の打合せが逆なので、1での左右短冊布の下角部は右角をそれぞれカットする）
3 肩を縫う
4 衿を作る（→ p.32）
5 衿をつける（→ p.32）
6 袖口あきを作る（→ p.30）
7 身頃に袖をつける（→ p.43）
8 袖下と脇を続けて縫う
9 カフスを作る（→ p.30）
10 袖口のタックをたたんで、カフスをつける（→ p.30）
11 裾を三つ折り端ミシンで始末する
12 ボタンホールを作って、ボタンをつける

出来上り寸法　（cm）

名称＼サイズ	9	11	13
バスト	100	103	106
着丈	75	75	75

1 ポケットを作ってつける

表フラップ(裏)
裏フラップ(裏)
①裏に接着芯をはる
②中表に合わせてミシン
③縫い代を細くカット
表フラップ(裏)
④ミシン目の際から縫い代を折る
表フラップ(表)
裏フラップ
⑥ボタンホール
⑤表に返してステッチ

⑦ポケット口の縫い代を折る
ポケット(裏)
2
⑧ミシン
ポケット(裏)
⑨アイロンで折る
ポケット(裏)

⑪ミシン　裏フラップ(表)
0.4
⑫縫い代をカット
ポケット(表)
前(表)
⑩身頃にステッチでとめる
⑬ステッチ
表フラップ(表)
0.6
前(表)

8 袖下と脇を続けて縫う

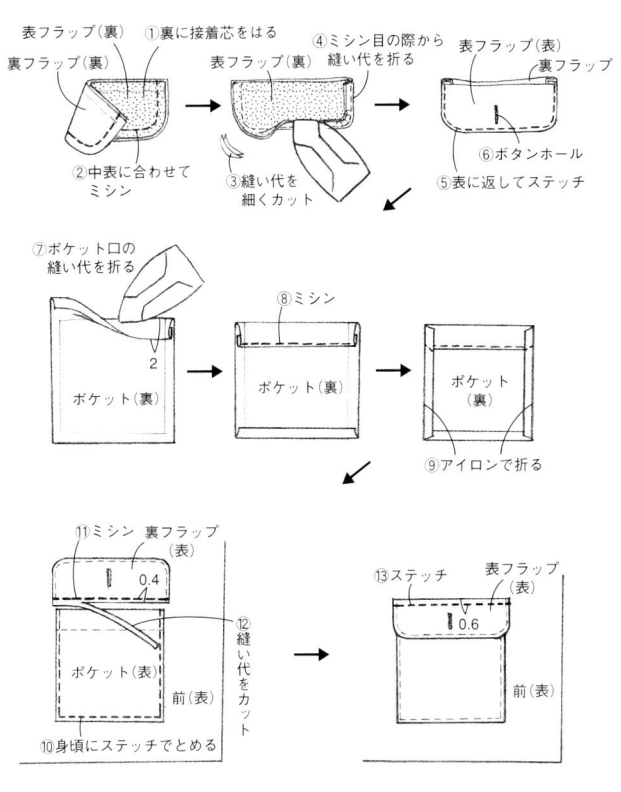

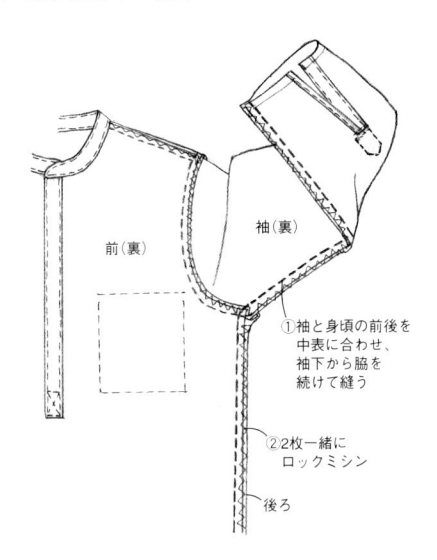

前(裏)
袖(裏)
①袖と身頃の前後を中表に合わせ、袖下から脇を続けて縫う
②2枚一緒にロックミシン
後ろ

11 裾を三つ折り端ミシンで始末する

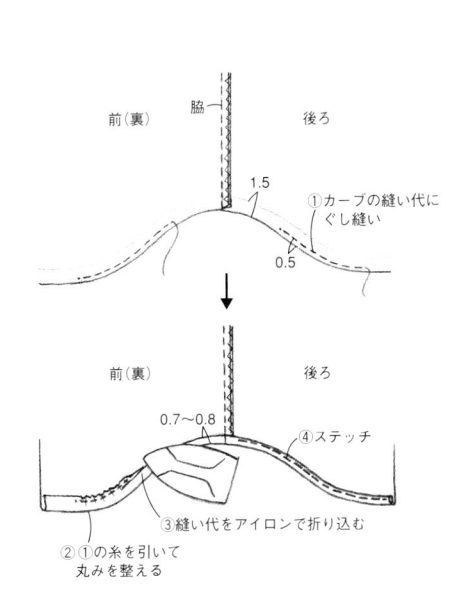

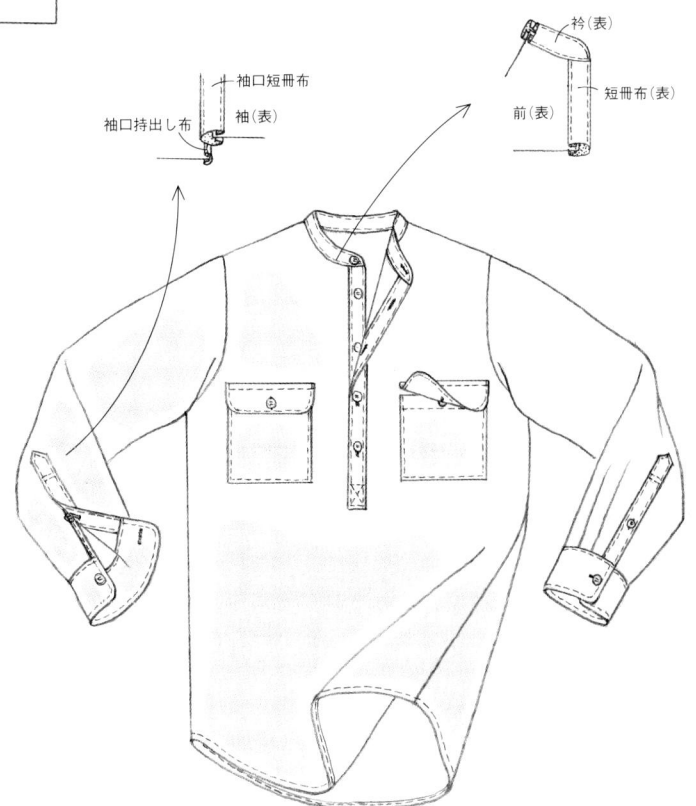

前(裏)　脇　後ろ
1.5
①カーブの縫い代にぐし縫い
0.5

前(裏)　後ろ
0.7〜0.8
④ステッチ
③縫い代をアイロンで折り込む
②①の糸を引いて丸みを整える

袖口短冊布
袖(表)
袖口持出し布
衿(表)
短冊布(表)
前(表)

49

g
dotted one-piece
page 12

水玉のワンピース

●材料
表布（コットンキュプラ）112cm幅2.7m
裏布90cm幅2m
接着芯（前見返し、カフス）90cm幅60cm
ボタン直径1.1cmを14個

●用意するパターンと裁つ枚数（A・裏面）
表前1枚、表後ろ1枚、裏前1枚、裏後ろ1枚、前見返し2枚、袖2枚、カフス2枚、衿1枚、袖口あき縁とり布2枚（裁合せ図を参照してじか裁ちする）

●縫い方順序

●裁合せ図

★指定以外の縫い代は1cm。
▓ は裏に接着芯をはる。

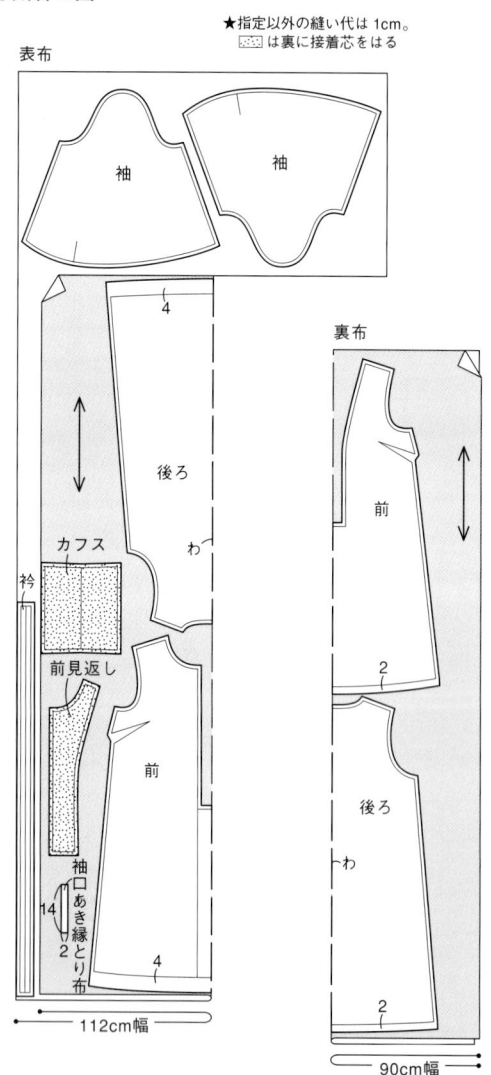

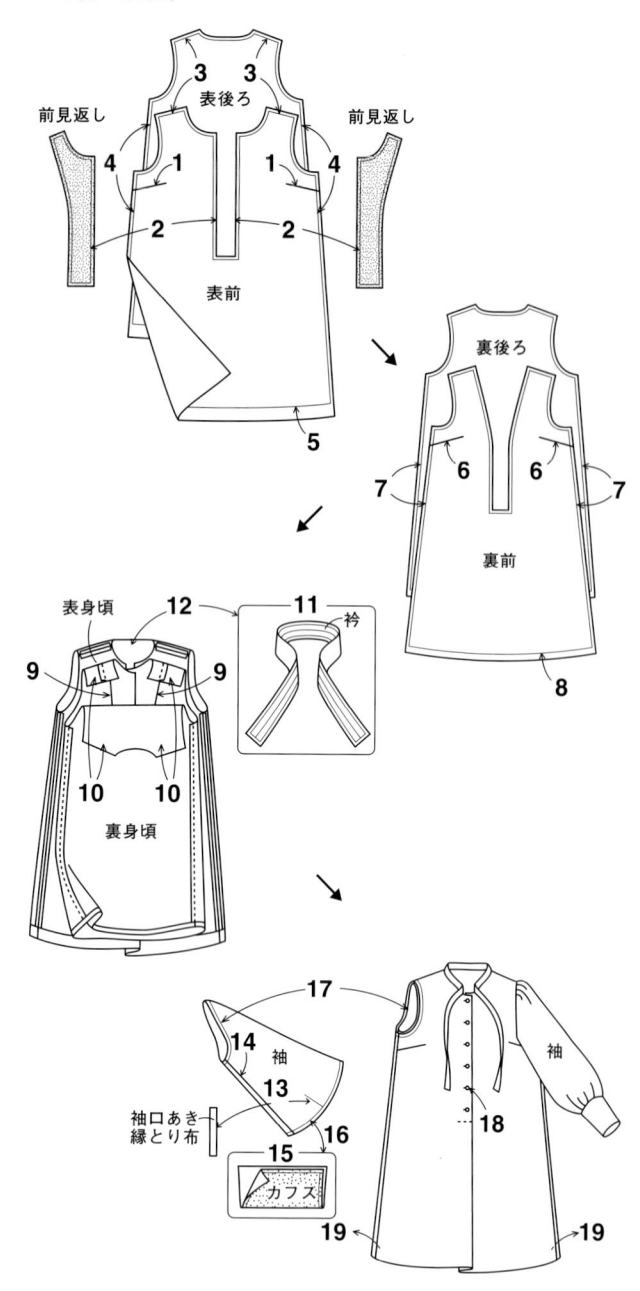

出来上り寸法　（cm）

名称＼サイズ	9	11	13
バスト	96	99	102
着丈	95	95	95

1 表身頃のダーツを縫う
2 表身頃の前あきを作る
3 表身頃の肩を縫う
4 表身頃の脇を縫う
5 表身頃の裾を折って奥をまつる
6 裏身頃のダーツを縫う
7 裏身頃の脇を縫う
8 裏身頃の裾を三つ折りにして縫う
9 前見返し奥に裏身頃を縫いつける
10 裏身頃の肩を縫う
11 衿を作る (→ p.55)
12 衿をつける (→ p.55)
13 袖口あきを作る (→ p.31)
14 袖下を縫う
15 カフスを作る
16 袖口にギャザーを寄せて、カフスをつける
17 袖山にギャザーを寄せて、袖をつける (→ p.40)
18 ボタンホールを作って、ボタンをつける
19 表裾と裏裾を糸ループでつなぐ

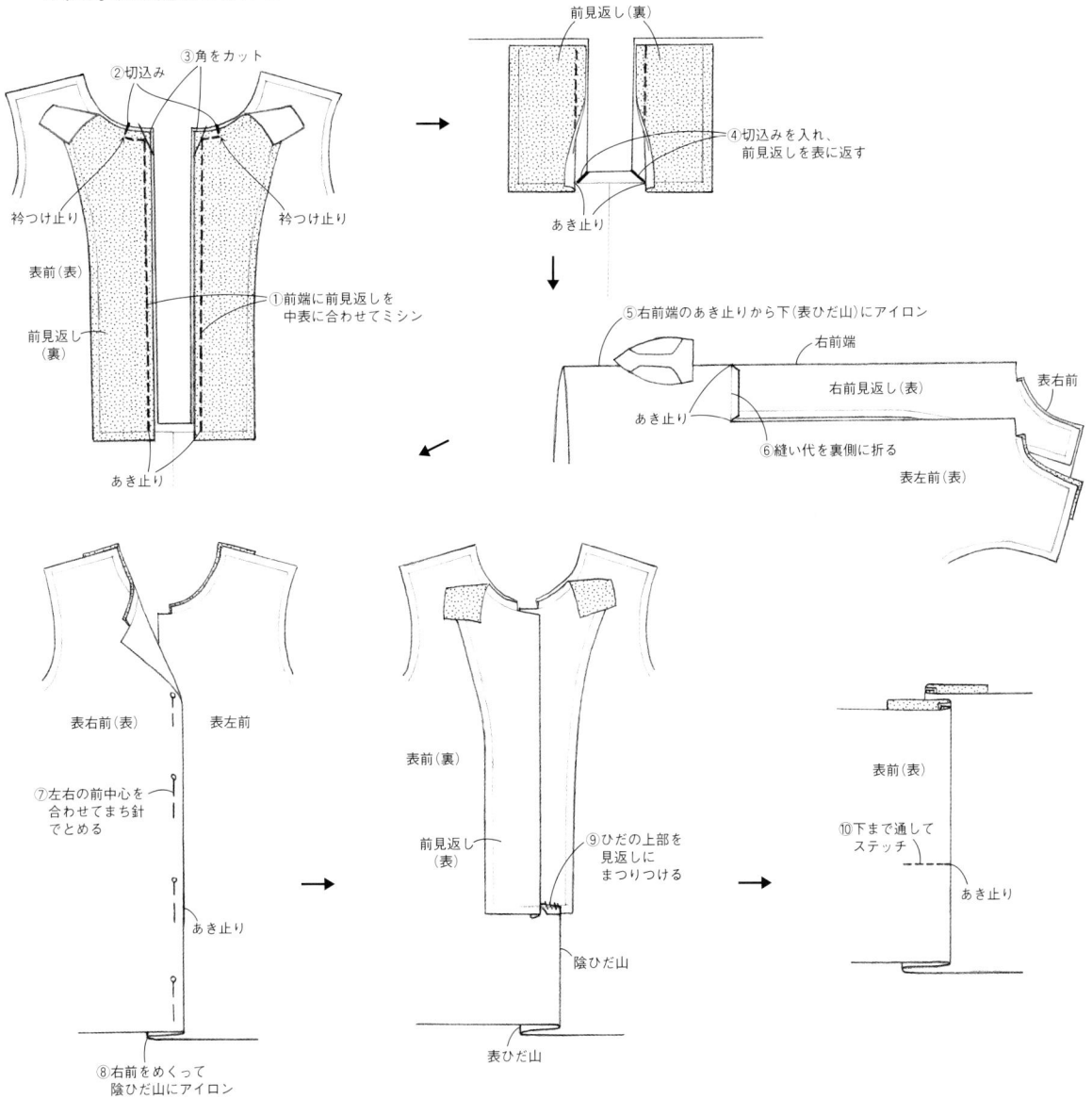

2 表身頃の前あきを作る

6 裏身頃のダーツを縫う
7 裏身頃の脇を縫う
8 裏身頃の裾を三つ折りにして縫う

9 前見返し奥に裏身頃を縫いつける

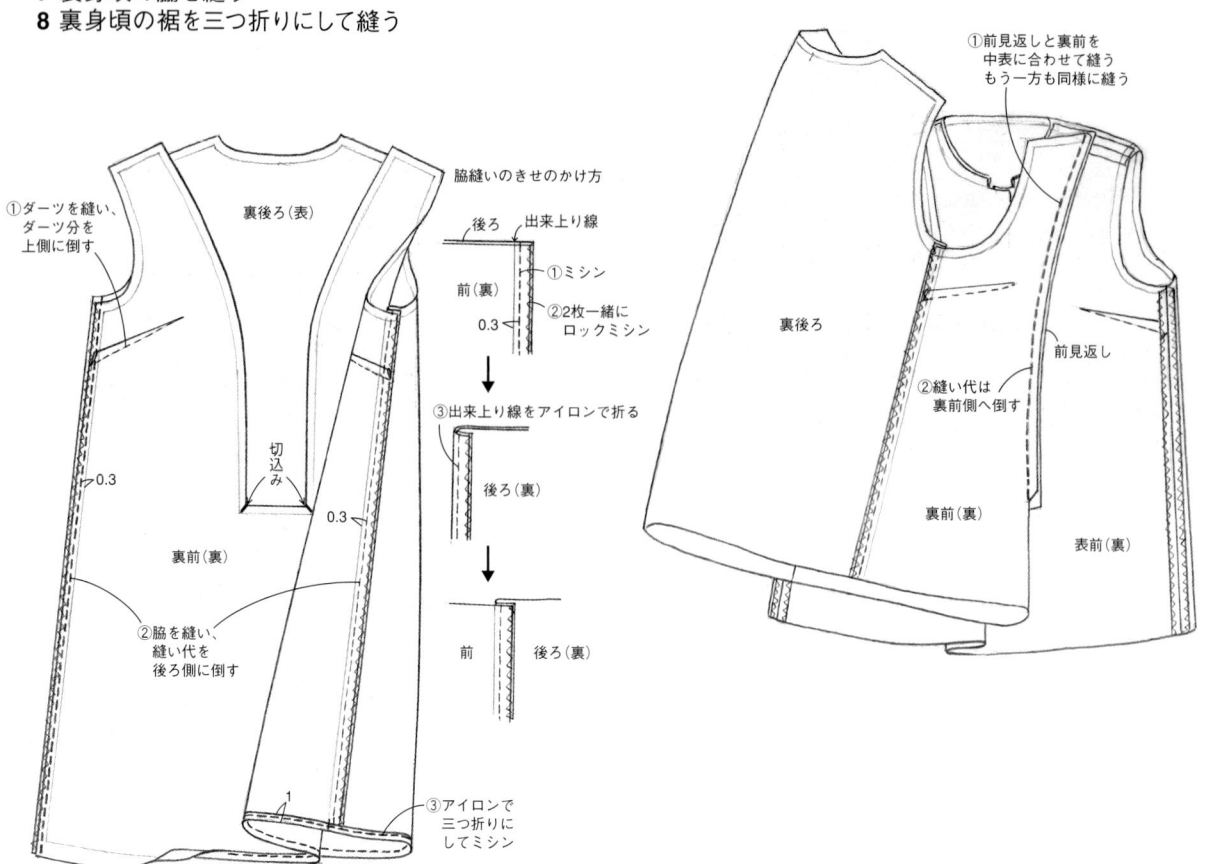

①ダーツを縫い、ダーツ分を上側に倒す
裏後ろ(表)
脇縫いのきせのかけ方
後ろ　出来上り線
前(裏)
①ミシン
②2枚一緒にロックミシン
0.3
切込み
0.3
0.3
③出来上り線をアイロンで折る
後ろ(裏)
裏前(裏)
②脇を縫い、縫い代を後ろ側に倒す
前　後ろ(裏)
1
③アイロンで三つ折りにしてミシン

①前見返しと裏前を中表に合わせて縫う
もう一方も同様に縫う
裏後ろ
前見返し
②縫い代は裏前側へ倒す
裏前(裏)
表前(裏)

10 裏身頃の肩を縫う

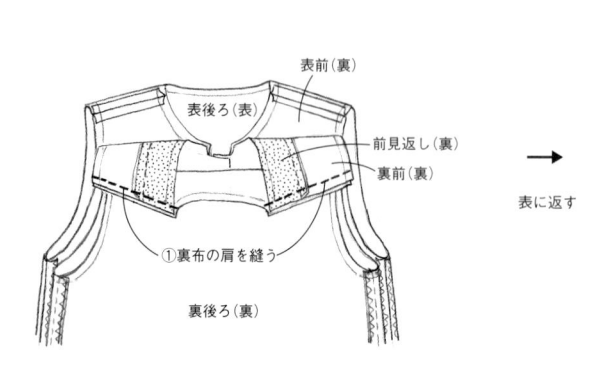

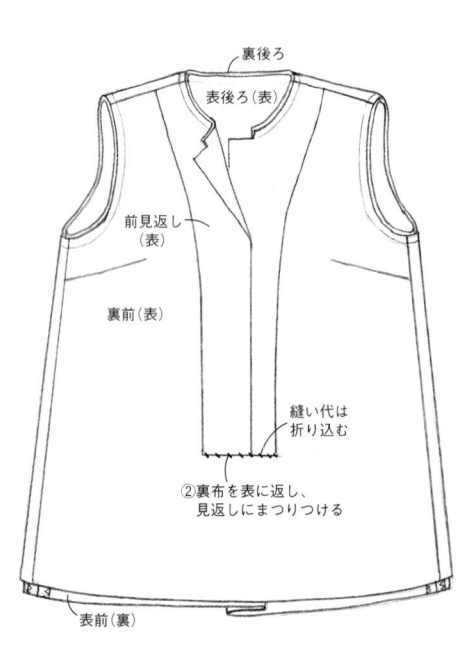

表前(裏)
表後ろ(表)
前見返し(裏)
裏前(裏)
①裏布の肩を縫う
裏後ろ(裏)

→ 表に返す

裏後ろ
表後ろ(表)
前見返し(表)
裏前(表)
縫い代は折り込む
②裏布を表に返し、見返しにまつりつける
表前(裏)

15 カフスを作る

①裏に接着芯をはる
②裏カフス側の縫い代を出来上りに折る
カフス(裏)
③中表に折ってミシン

カフス(表)
④表に返す

16 袖口にギャザーを寄せてカフスをつける

袖(表)

①出来上り線をはさんで2本ギャザーミシンをかける

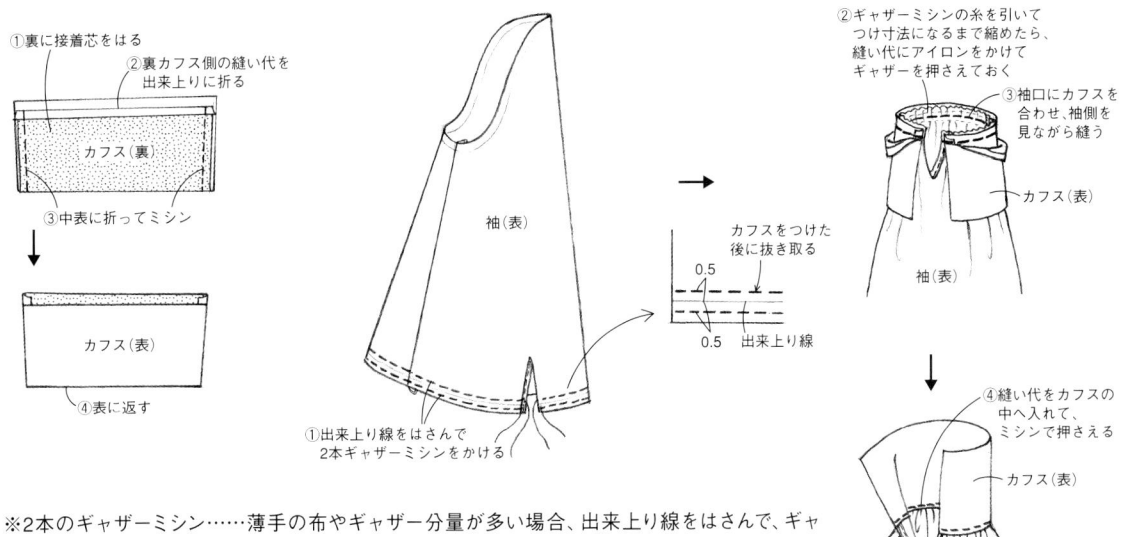

カフスをつけた後に抜き取る
0.5
0.5　出来上り線

②ギャザーミシンの糸を引いてつけ寸法になるまで縮めたら、縫い代にアイロンをかけてギャザーを押さえておく

③袖口にカフスを合わせ、袖側を見ながら縫う

カフス(表)
袖(表)

④縫い代をカフスの中へ入れて、ミシンで押さえる

カフス(表)
袖(表)

※2本のギャザーミシン……薄手の布やギャザー分量が多い場合、出来上り線をはさんで、ギャザーミシン(→ 説明はp.59)を2本かけます。縫い合わせる際には出来上り線が2本のギャザーミシンにはさまれているので、ギャザーがかたよらずにミシンがけができます。この2本のギャザーミシンのうち、出来上り線より内側にかけたミシン目は、縫い合わせた後で引き抜きます。ただし、針目の跡がつく布の場合は、縫い代側に2本かけるといいでしょう。

糸ループ

0.1

h bow blouse page 13

タータンチェックのブラウス

●材料
表布（コットンボイル）150cm幅1.3m
接着芯（前見返し、カフス）90cm幅60cm
ボタン直径1.1cmを15個

●用意するパターンと裁つ枚数（A・裏面）
前2枚、後ろ1枚、袖2枚、カフス2枚、衿1枚、袖口あき縁とり布2枚
（裁合せ図を参照してじか裁ちする）

●裁合せ図

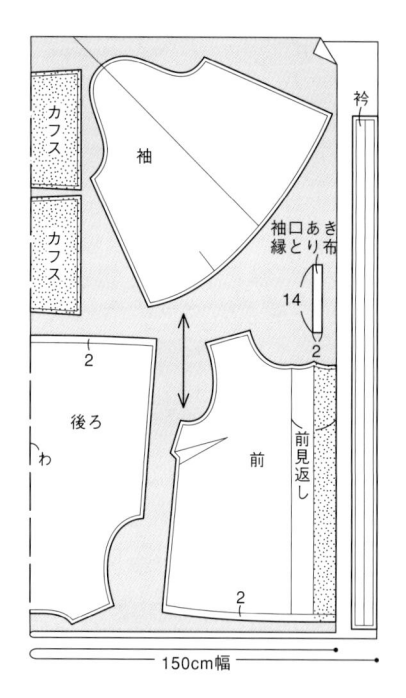

★指定以外の縫い代は1cm。
▨は裏に接着芯をはる

●縫い方順序

出来上り寸法				(cm)
サイズ 名称	9	11	13	
バスト	96	99	102	
着丈	60	60	60	

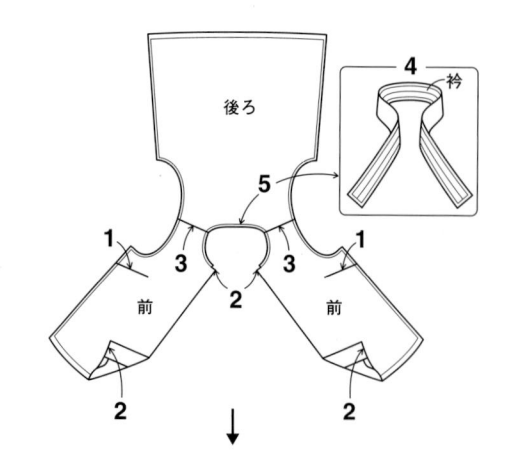

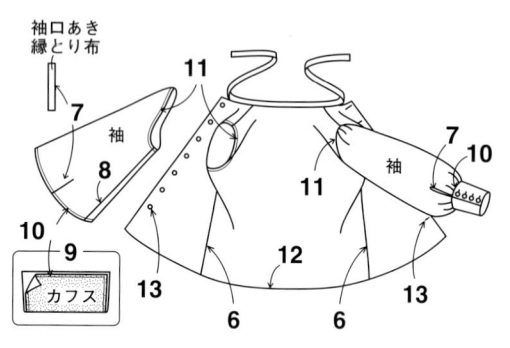

1 ダーツを縫う
2 前見返しをたたんで縫う
3 肩を縫う
4 衿を作る
5 衿をつける
6 脇を縫う
7 袖口あきを作る（→ p.31）
8 袖下を縫う
9 カフスを作る（→ p.53）
10 袖口にギャザーを寄せて、カフスをつける（→ p.53）
11 袖山にギャザーを寄せて、袖をつける（→ p.40）
12 裾を三つ折りにして縫う
13 ボタンホールを作って、ボタンをつける

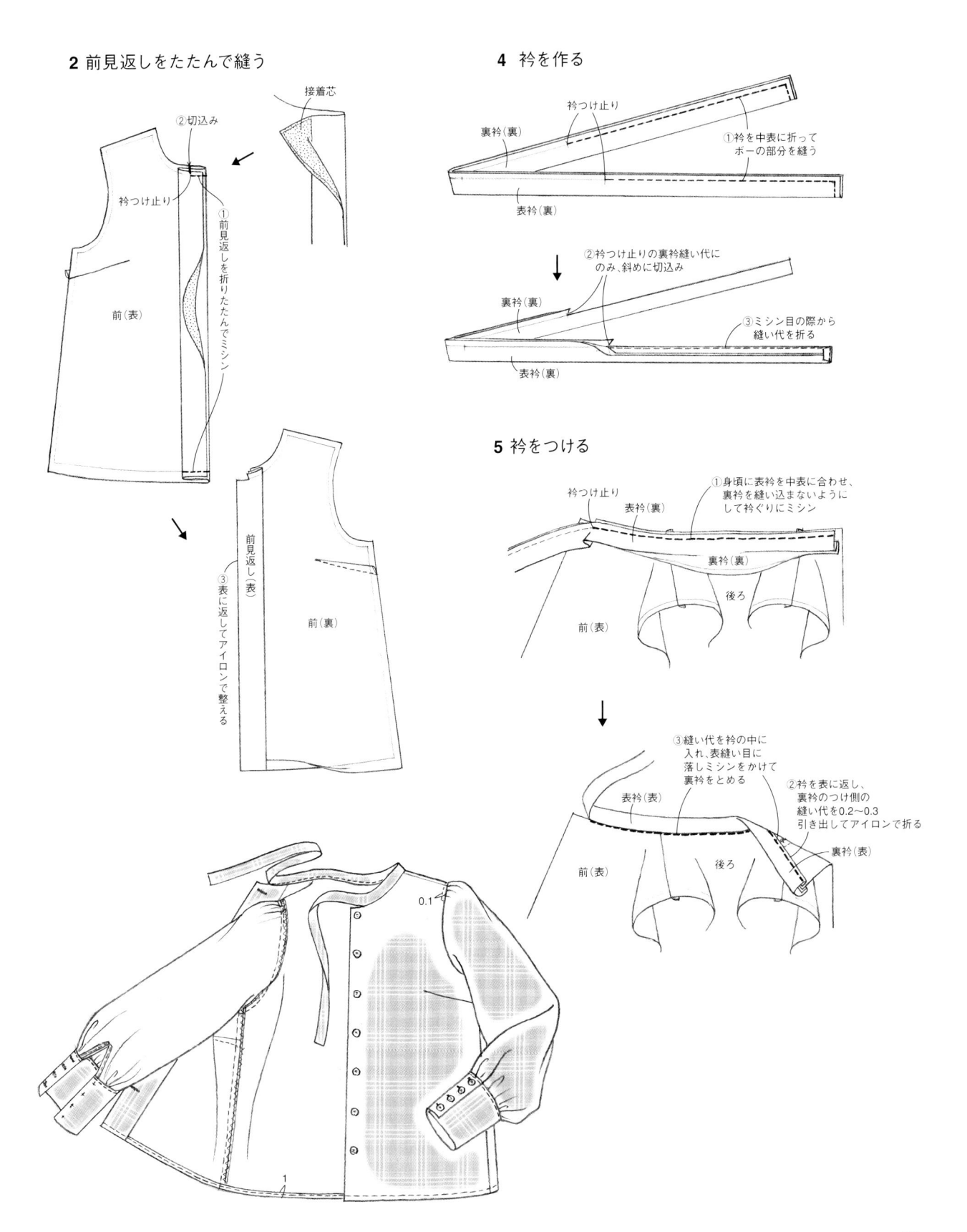

2 前見返しをたたんで縫う

- ②切込み
- 接着芯
- 衿つけ止り
- ①前見返しを折りたたんでミシン
- 前(表)
- ③表に返してアイロンで整える
- 前見返し(表)
- 前(裏)

4 衿を作る

- 裏衿(裏)
- 衿つけ止り
- 表衿(裏)
- ①衿を中表に折ってボーの部分を縫う
- ②衿つけ止りの裏衿縫い代にのみ、斜めに切込み
- ③ミシン目の際から縫い代を折る

5 衿をつける

- 衿つけ止り
- 表衿(裏)
- 裏衿(裏)
- 前(表)
- 後ろ
- ①身頃に表衿を中表に合わせ、裏衿を縫い込まないようにして衿ぐりにミシン
- ②衿を表に返し、裏衿のつけ側の縫い代を0.2~0.3引き出してアイロンで折る
- ③縫い代を衿の中に入れ、表縫い目に落しミシンをかけて裏衿をとめる
- 表衿(表)
- 裏衿(表)
- 前(表)
- 後ろ

0.1

1

i
tunic blouse
page 14

チュニックブラウス

●材料
表布（コットンウール）114cm幅1.7m
接着芯（衿、短冊布）90cm幅50cm
ボタン直径1.1cmを5個

●用意するパターンと裁つ枚数（B・表面）
前1枚、後ろ1枚、袖2枚、短冊布4枚、衿2枚、フリルA2枚、
フリルB2枚、フリルC2枚、袖口縁とり布2枚

●裁合せ図

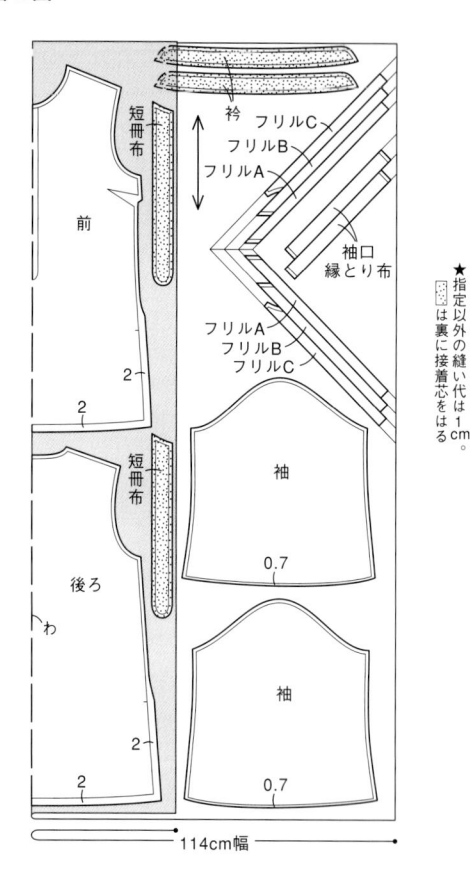

★指定以外の縫い代は1cm。
は裏に接着芯をはる。

●縫い方順序

出来上り寸法 (cm)

サイズ 名称	9	11	13
バスト	96	99	102
着丈	75	75	75

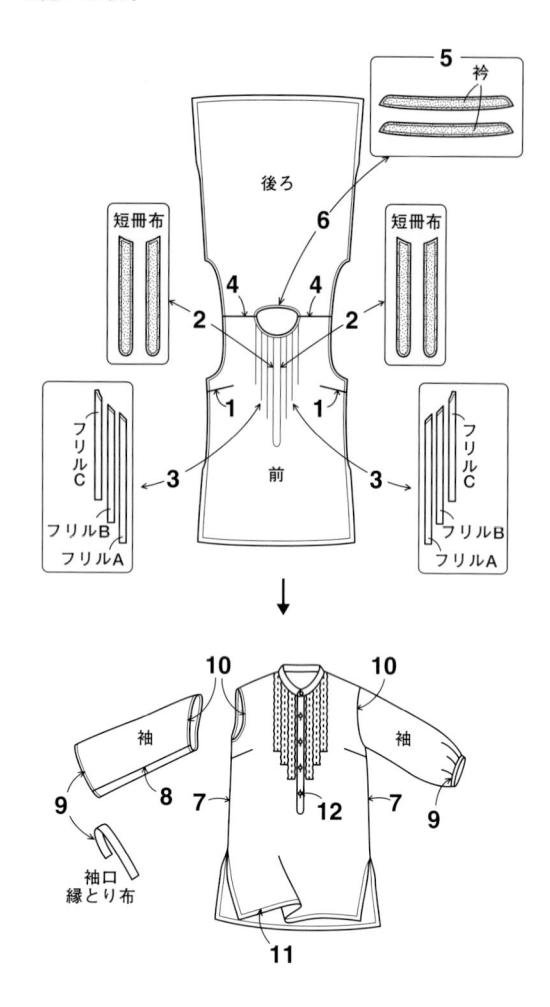

1 ダーツを縫う
2 前あきを作る
3 フリルA、B、Cにギャザーを寄せて、前身頃につける
　（→p.59）
4 肩を縫う
5 衿を作る（→p.32）
6 衿をつける（→p.32）
7 脇を縫う
8 袖下を縫う
9 袖口にギャザーを寄せて、縁とり布でくるむ
10 身頃に袖をつける（→p.40）
11 裾とスリットを三つ折りにして縫う
12 ボタンホールを作って、ボタンをつける

2 前あきを作る

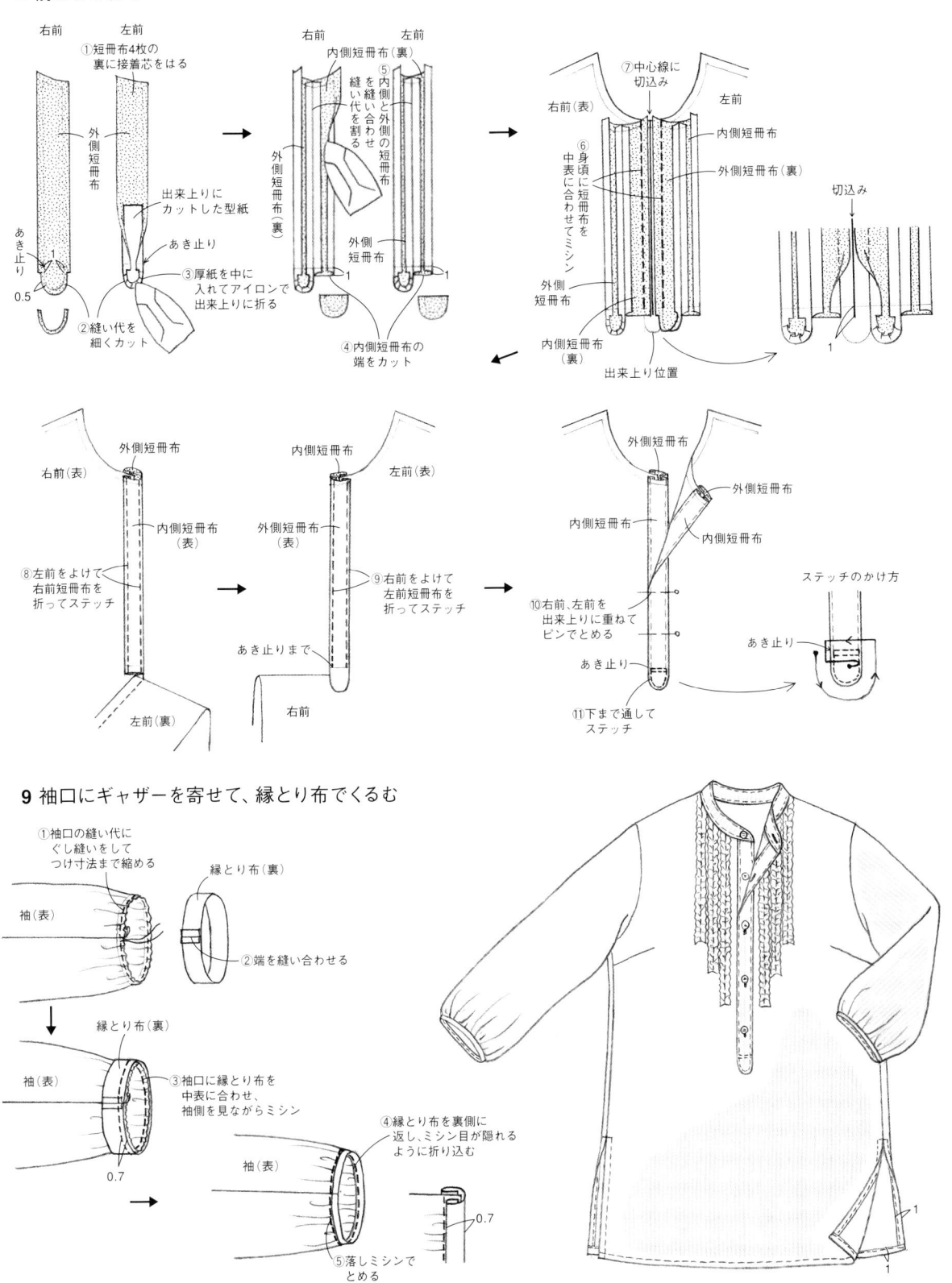

右前 **左前**
① 短冊布4枚の裏に接着芯をはる
外側短冊布
出来上りにカットした型紙
あき止り
1
0.5
② 縫い代を細くカット
あき止り
③ 厚紙を中に入れてアイロンで出来上りに折る

右前 **左前**
内側短冊布(裏)
⑤ 内側と外側の短冊布を縫い合わせ縫い代を割る
外側短冊布(裏)
外側短冊布
1
④ 内側短冊布の端をカット

⑦ 中心線に切込み
右前(表) **左前**
内側短冊布
外側短冊布(裏)
⑥ 身頃に短冊布を中表に合わせてミシン
外側短冊布
内側短冊布(裏)
出来上り位置
切込み
1

右前(表)
外側短冊布
内側短冊布(表)
⑧ 左前をよけて右前短冊布を折ってステッチ

左前(表)
内側短冊布
外側短冊布(表)
⑨ 右前をよけて左前短冊布を折ってステッチ
あき止りまで
右前

外側短冊布
内側短冊布
外側短冊布
内側短冊布
⑩ 右前、左前を出来上りに重ねてピンでとめる
あき止り
⑪ 下まで通してステッチ

ステッチのかけ方
あき止り

9 袖口にギャザーを寄せて、縁とり布でくるむ

① 袖口の縫い代にぐし縫いをしてつけ寸法まで縮める
袖(表)

縁とり布(裏)
② 端を縫い合わせる

縁とり布(裏)
袖(表)
③ 袖口に縁とり布を中表に合わせ、袖側を見ながらミシン
0.7

袖(表)
④ 縁とり布を裏側に返し、ミシン目が隠れるように折り込む
0.7
⑤ 落しミシンでとめる

1
1

57

j off white one-piece
page 15

生なり色のワンピース

●材料
表布（コットンシーチング）113cm幅2m
接着芯（衿、短冊布）90cm幅50cm
ボタン直径1.3cmを5個

●用意するパターンと裁つ枚数（B・表面）
前1枚、後ろ1枚、袖2枚、短冊布4枚、衿2枚、フリルA2枚、
フリルB2枚、フリルC2枚、フリルD2枚

●裁合せ図

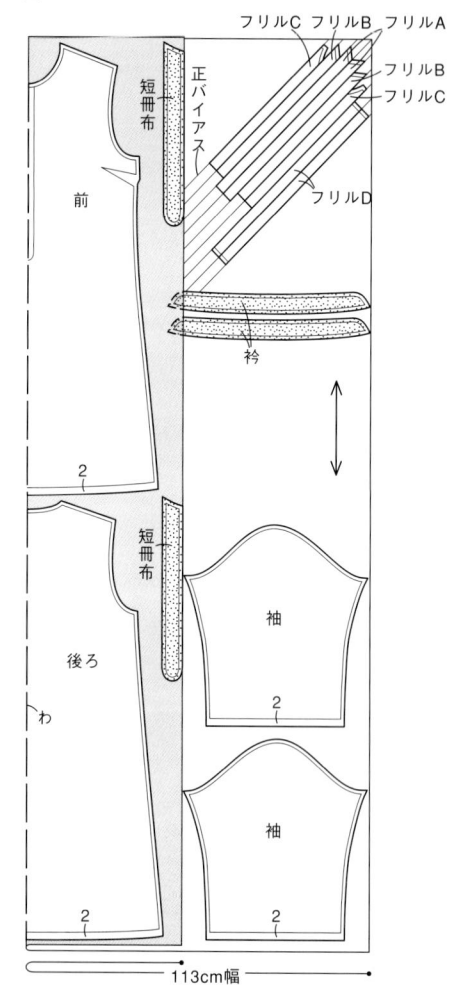

★指定以外の縫い代は1cm。
▨ は裏に接着芯をはる

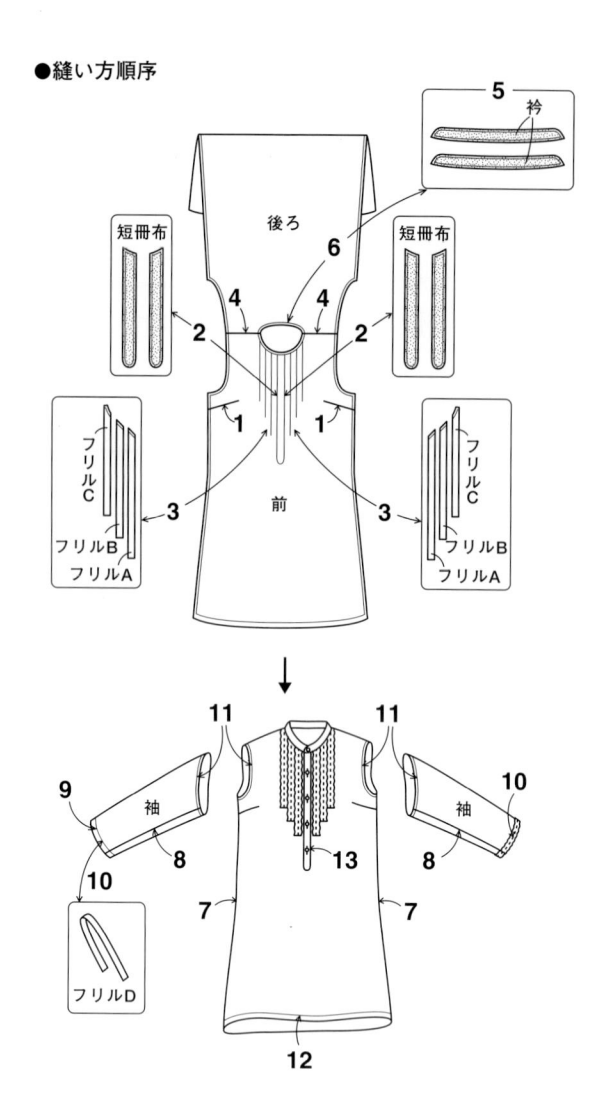

●縫い方順序

1 ダーツを縫う
2 前あきを作る（→ p.57）
3 フリルA、B、Cにギャザーを寄せて、前身頃につける
4 肩を縫う
5 衿を作る（→ p.32）
6 衿をつける（→ p.32）
7 脇を縫う
8 袖下を縫う
9 袖口を三つ折りにして縫う
10 フリルDにギャザーを寄せて、袖口につける
11 身頃に袖をつける（→ p.40）
12 裾を三つ折りにして縫う
13 ボタンホールを作って、ボタンをつける

3 フリルA、B、Cにギャザーを寄せて、前身頃につける

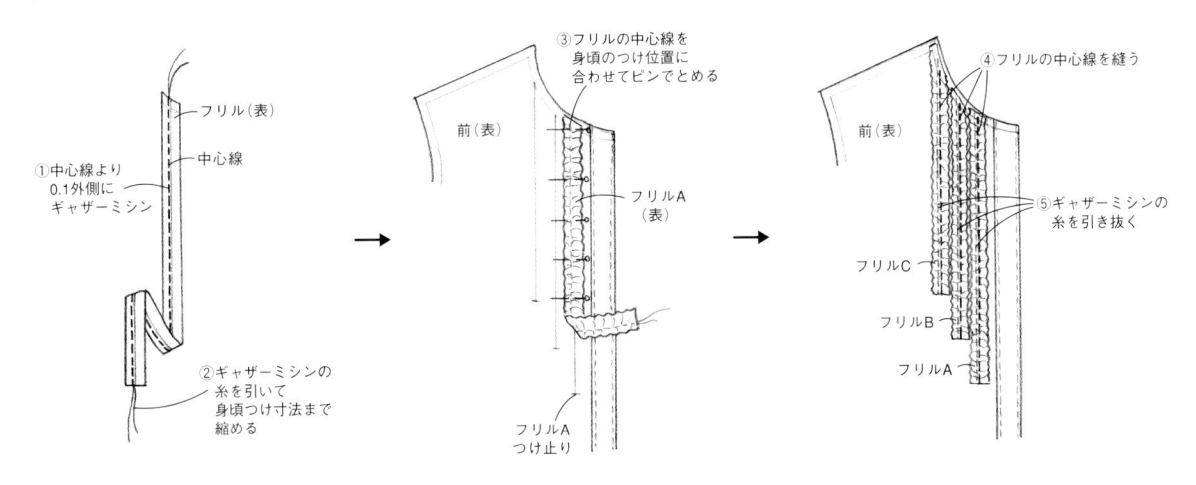

①中心線より0.1外側にギャザーミシン
フリル（表）
中心線
②ギャザーミシンの糸を引いて身頃つけ寸法まで縮める

③フリルの中心線を身頃のつけ位置に合わせてピンでとめる
前（表）
フリルA（表）
フリルAつけ止り

④フリルの中心線を縫う
前（表）
⑤ギャザーミシンの糸を引き抜く
フリルC
フリルB
フリルA

10 フリルDにギャザーを寄せて、袖口につける

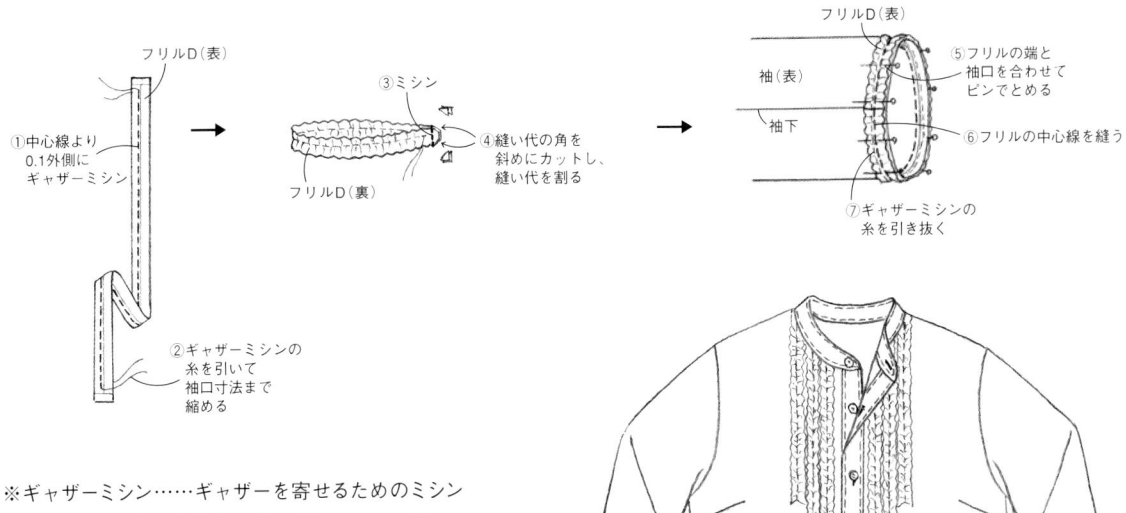

フリルD（表）
①中心線より0.1外側にギャザーミシン
②ギャザーミシンの糸を引いて袖口寸法まで縮める

③ミシン
④縫い代の角を斜めにカットし、縫い代を割る
フリルD（裏）

フリルD（表）
袖（表）
袖下
⑤フリルの端と袖口を合わせてピンでとめる
⑥フリルの中心線を縫う
⑦ギャザーミシンの糸を引き抜く

※ギャザーミシン……ギャザーを寄せるためのミシンで、ミシンの上糸調子を少しきつくし、0.4cmくらいの大きめの針目でかけます。縮める際は下糸を引くので、上糸とは違う色の糸に替えておくと引き抜くときに分かりやすいです。

出来上り寸法　　　　　　（cm）

サイズ 名称	9	11	13
バスト	96	99	102
着丈	93	93	93

k smock dress page 16
スモックドレス

●材料
表布（ウール、コットン、リネンの混紡）138cm幅2m
接着芯（衿、カフス）90cm幅30cm
接着テープ（前あき位置）＝1cm幅25cm
ボタン直径1.3cmを5個

●用意するパターンと裁つ枚数（A・裏面）
前1枚、後ろ1枚、ヨーク2枚、袖2枚、衿2枚、見返し、持出し布1枚、カフス2枚、袖口あき縁とり布2枚（裁合せ図を参照してじか裁ちする）

●裁合せ図

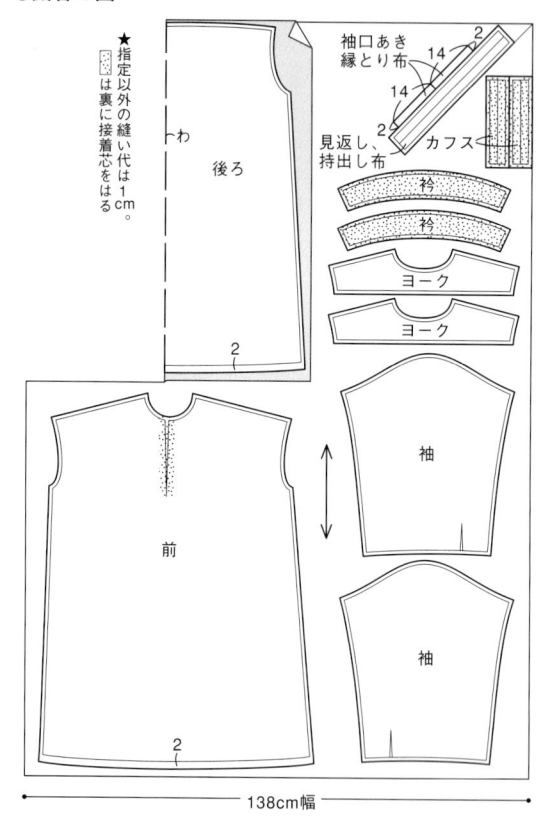

●縫い方順序

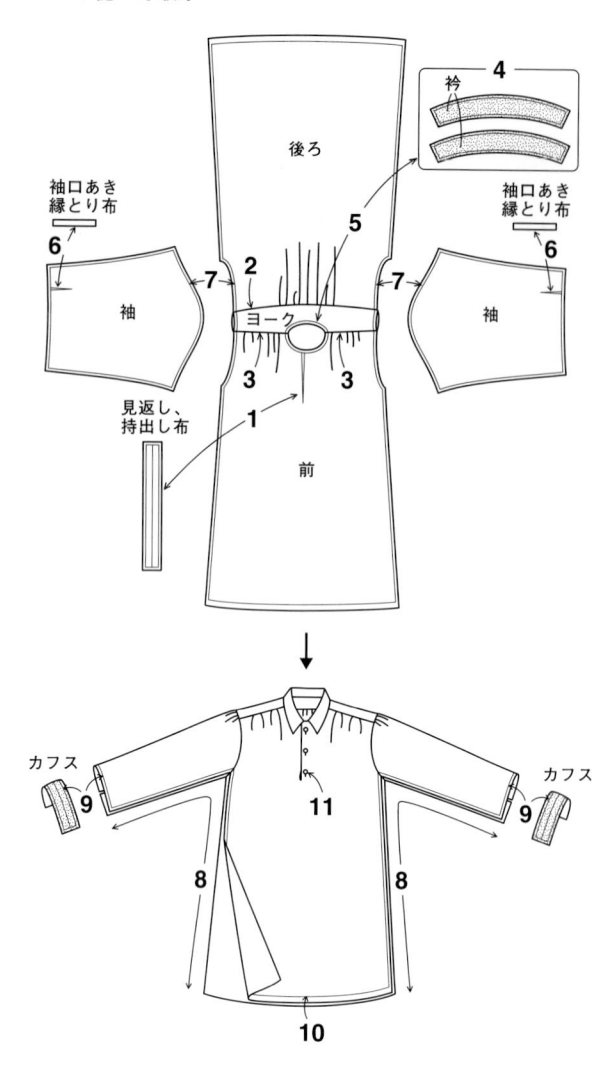

1 前あきを作る（→ p.29）
2 後ろ身頃にギャザーを寄せて、ヨークと縫い合わせる（→ p.39）
3 前身頃にギャザーを寄せて、ヨークと縫い合わせる（→ p.39）
4 衿を作る
5 衿をつける
6 袖口あきを作る（→ p.31）
7 袖山にギャザーを寄せて、身頃に袖をつける（→ p.62）
8 袖下と脇を続けて縫う（→ p.62）
9 カフスをつける（→ p.31）
10 裾を三つ折りにして縫う
11 ボタンホールを作って、ボタンをつける

出来上り寸法 (cm)

名称 \ サイズ	9	11	13
バスト	130	133	136
着丈	95	95	95

4 衿を作る

①裏に接着芯をはる
②2枚を中表に合わせてミシン
裏衿(裏)
表衿(裏)
印まで
印まで

③角を斜めにカット
表衿(裏)
④縫い代をミシン目の際から折る

⑤表に返して、アイロンで整える
表衿(表)
裏衿

5 衿をつける

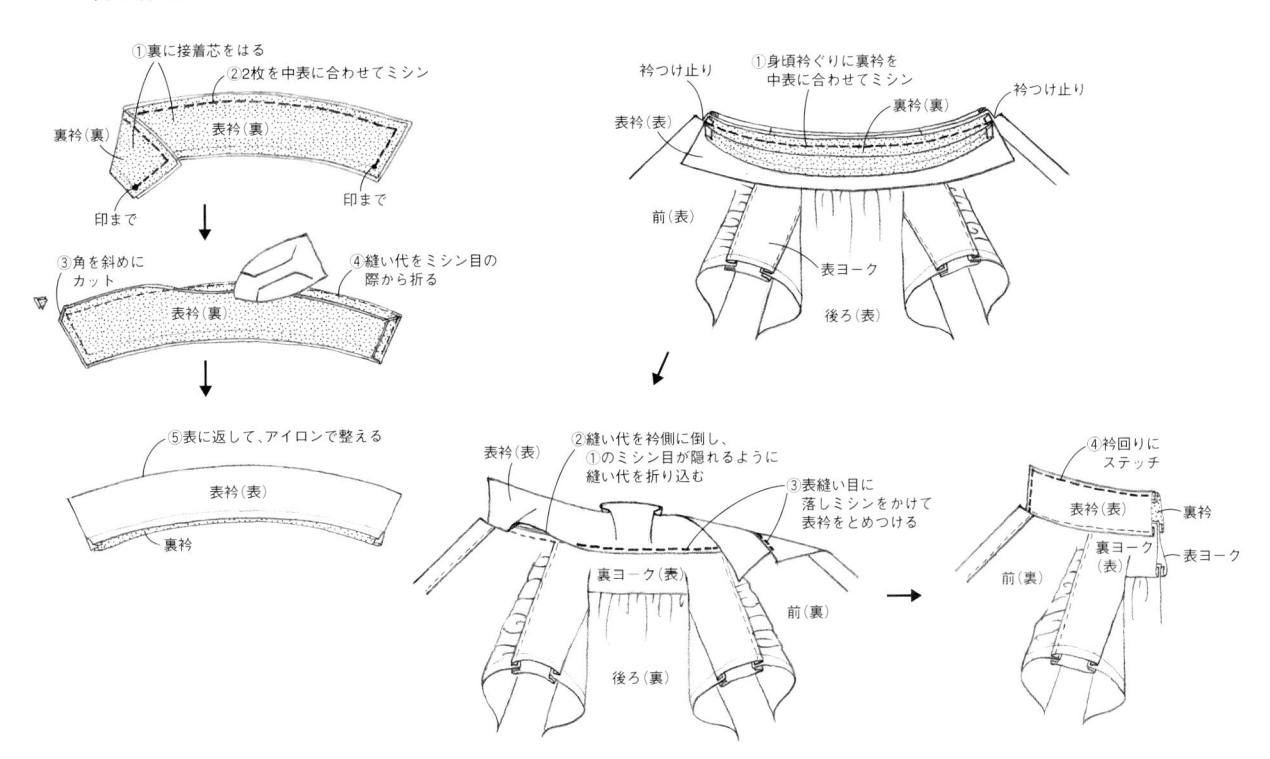

①身頃衿ぐりに裏衿を中表に合わせてミシン
衿つけ止り
衿つけ止り
表衿(表)
裏衿(裏)
前(表)
表ヨーク
後ろ(表)

②縫い代を衿側に倒し、①のミシン目が隠れるように縫い代を折り込む
表衿(表)
③表縫い目に落しミシンをかけて表衿をとめつける
裏ヨーク(表)
前(裏)
後ろ(裏)

④衿回りにステッチ
表衿(表)
裏衿
裏ヨーク
表ヨーク
前(裏)

Technique　角をきれいに返したい！

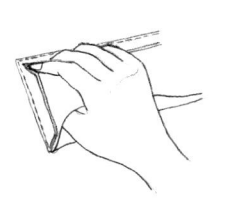

衿先や、前打合せの上端や裾端などの角は、すっきりと仕上げたい部分です。角は縫い代が重なってしまう部分なので、縫い返す際は親指を角の内側に入れて、人さし指で縫い代を押さえたまま表に返します。表に返したら、目打ちを差し込んで内側の縫い代を持ち上げるようにすると、縫い目が開いて角が出てきます。

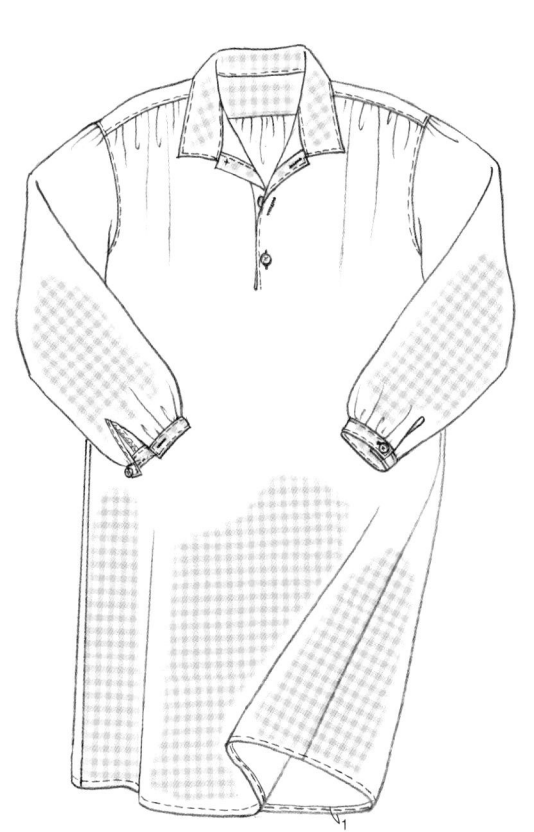

n linen shirt page 20

プリントリネンのシャツ

●材料
表布(麻)100cm幅2.5m
接着芯(衿、カフス)90cm幅30cm
接着テープ(前あき位置)1cm幅25cm
ボタン直径1.1cmを5個

●用意するパターンと裁つ枚数(B・裏面)
前1枚、後ろ1枚、ヨーク2枚、袖2枚、衿2枚、見返し、持出し布1枚、カフス2枚、袖口あき縁とり布2枚(裁合せ図を参照してじか裁ちする)

●縫い方順序
※7、8以外は60ページと同様

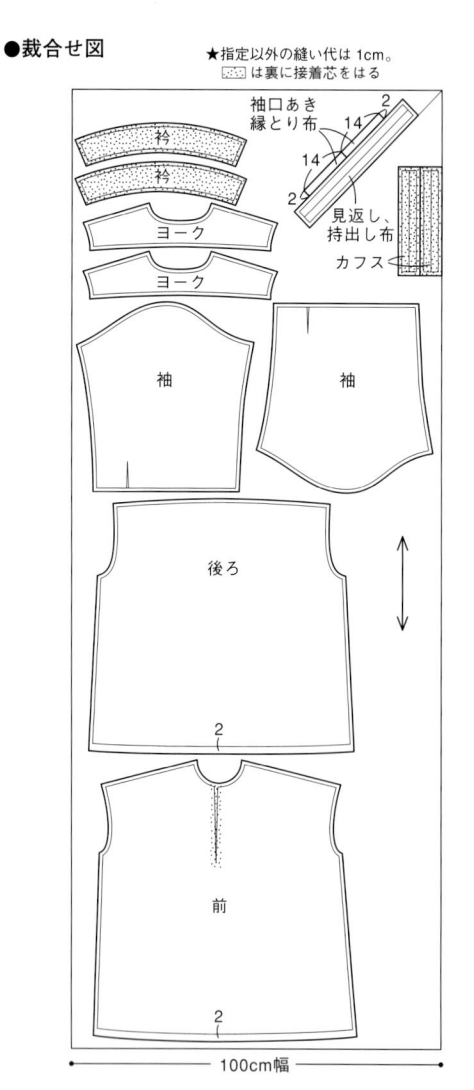

7 袖山にギャザーを寄せて、身頃に袖をつける (①〜③)
8 袖下と脇を続けて縫う (④、⑤)

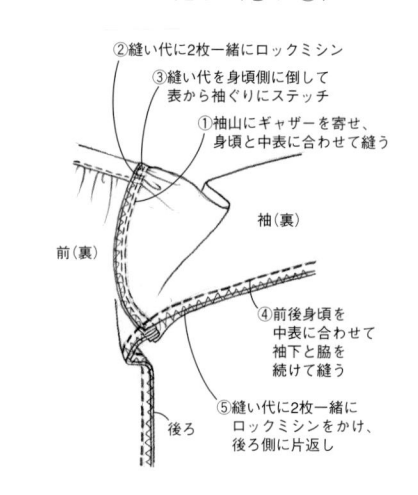

①袖山にギャザーを寄せ、身頃と中表に合わせて縫う
②縫い代に2枚一緒にロックミシン
③縫い代を身頃側に倒して表から袖ぐりにステッチ
④前後身頃を中表に合わせて袖下と脇を続けて縫う
⑤縫い代に2枚一緒にロックミシンをかけ、後ろ側に片返し

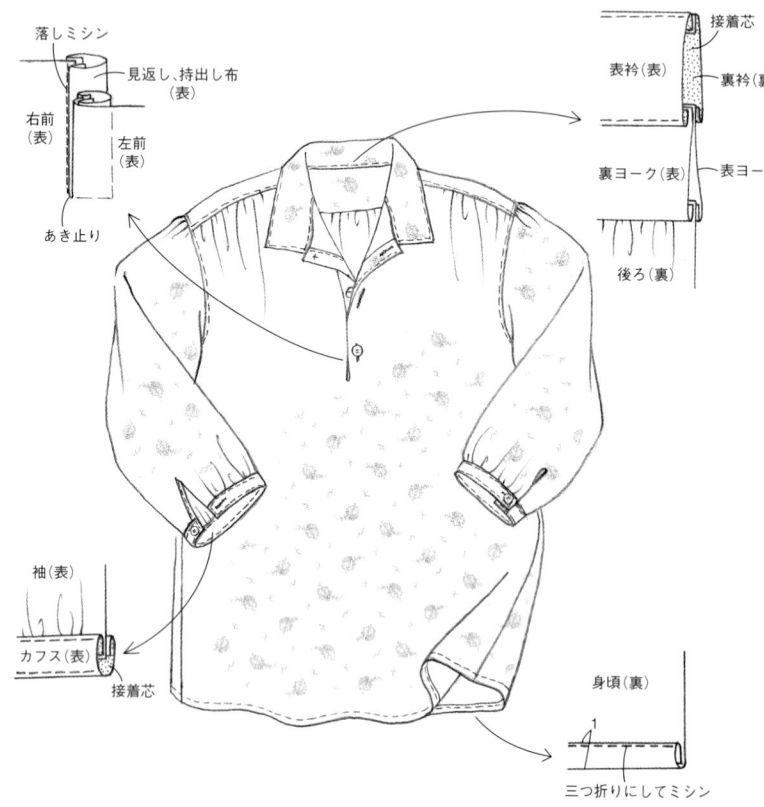

●裁合せ図
★指定以外の縫い代は1cm。
▨ は裏に接着芯をはる

100cm幅

出来上り寸法 (cm)

名称＼サイズ	9	11	13
バスト	130	133	136
着丈	70	70	70

q linen coat page 24

スカラップリネンのコート

●材料
表布（片耳がスカラップレースの麻）110cm幅2.7m
別布（コットン）40×30cm
接着芯（前見返し、衿、ひも通し穴）90cm幅70cm
接着テープ（ポケット口）1cm幅40cm
熱接着両面テープ1cm幅2.5m
ボタン直径1.5cmを9個

●用意するパターンと裁つ枚数（B・裏面）
前2枚、後ろ1枚、ヨーク2枚、前見返し2枚、袖2枚、衿2枚、ひも通し当て布1枚、袋布4枚（うち2枚は別布）、ひも1枚（裁合せ図を参照してじか裁ちする）

●裁合せ図

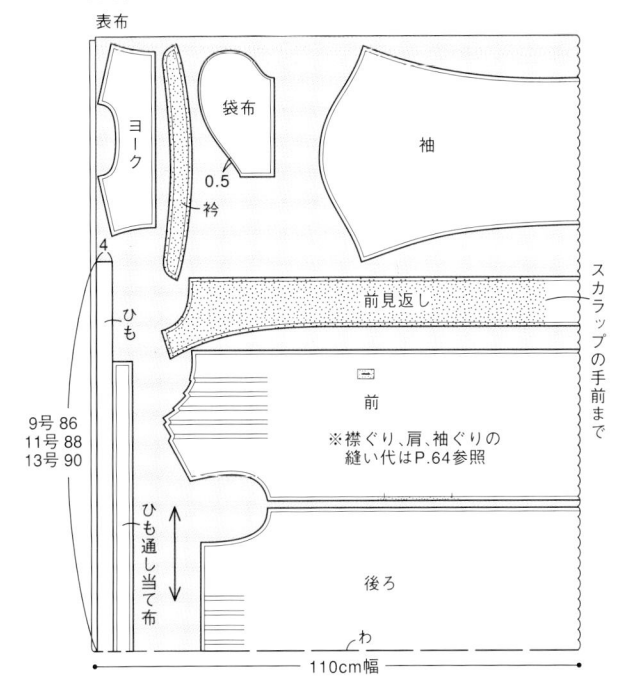

9号 86
11号 88
13号 90

110cm幅

★指定以外の縫い代は1cm。
▨ は裏に接着芯をはる

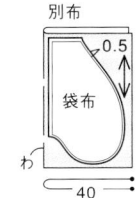

●縫い方順序

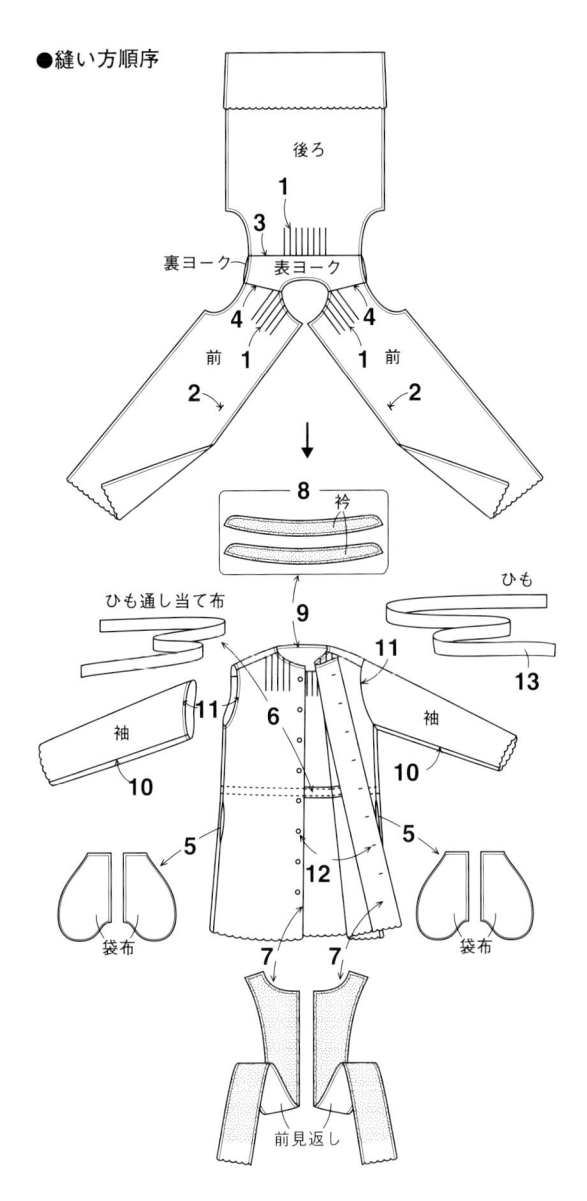

1 前後身頃のピンタックを縫う
2 ひも通し穴を作る
3 表ヨークと裏ヨークで後ろ身頃をはさんで縫う
4 表ヨークと前身頃を縫い合わせる
5 脇を縫ってポケットをつける
6 身頃裏面にひも通し当て布をつける
7 前身頃に前見返しをつける
8 衿を作る（→ p.32）
9 衿をつける（→ p.32）
10 袖下を縫う
11 身頃に袖をつける（→ p.40）
12 ボタンホールを作って、ボタンをつける
13 ひもを作って、ひも通し穴から通す

出来上り寸法 (cm)

サイズ 名称	9	11	13
バスト	120	123	126
着丈	93	93	93

1 前後身頃のピンタックを縫う

①衿ぐり、肩、袖ぐりに2〜3cm多めに縫い代をつけて粗裁ちする
2〜3
縫止り
パターン
②ピンタックの折り山の上端と縫止りに目打ちで印(●)をつける
③パターンをはずし、印どうしを結ぶ折り山にそれぞれアイロンをかける
④それぞれの折り山にミシンをかける
0.5
③の折り山
(表)
⑤ピンタックをアイロンで脇側に倒す
⑥パターンのピンタック部分をたたんでテープで押さえ、仕上りパターンを作る
⑦パターンを身頃に重ねて印つけをし、縫い代(各1cm)つけて、余分をカットする
印つけ
(表)
パターン

5 脇を縫って、ポケットをつける
(表袋布＝表布　裏袋布＝別布)

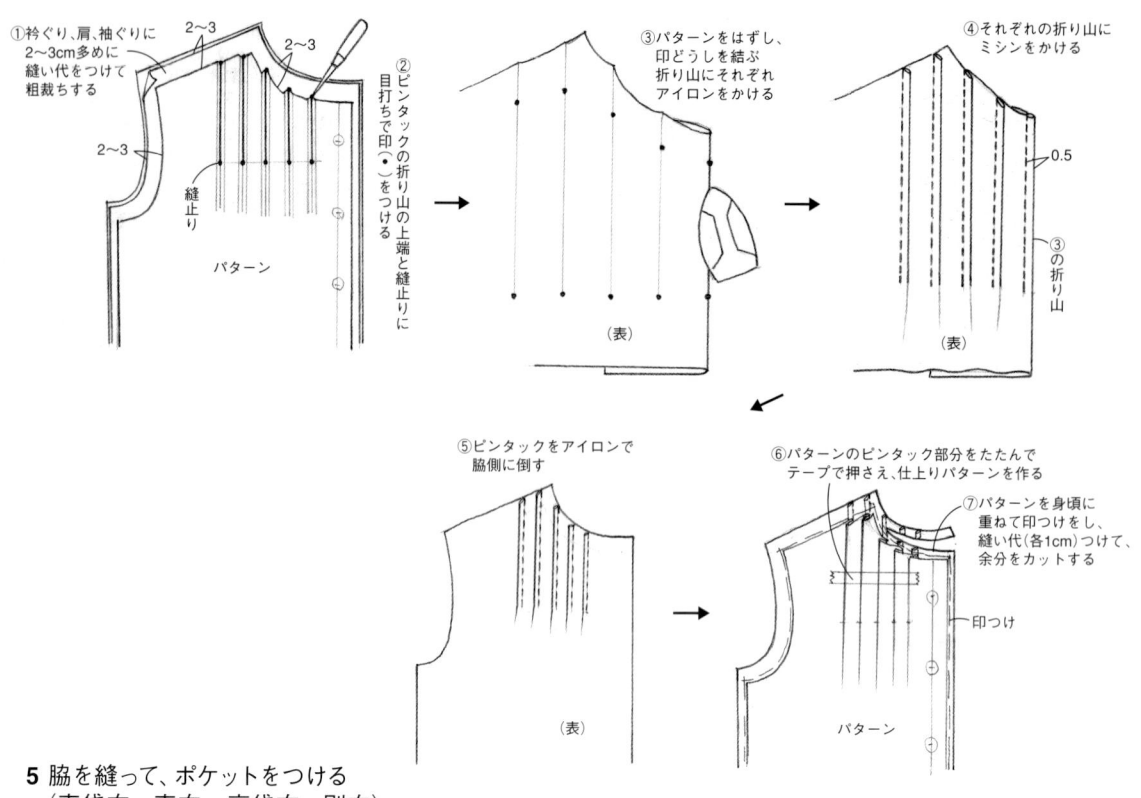

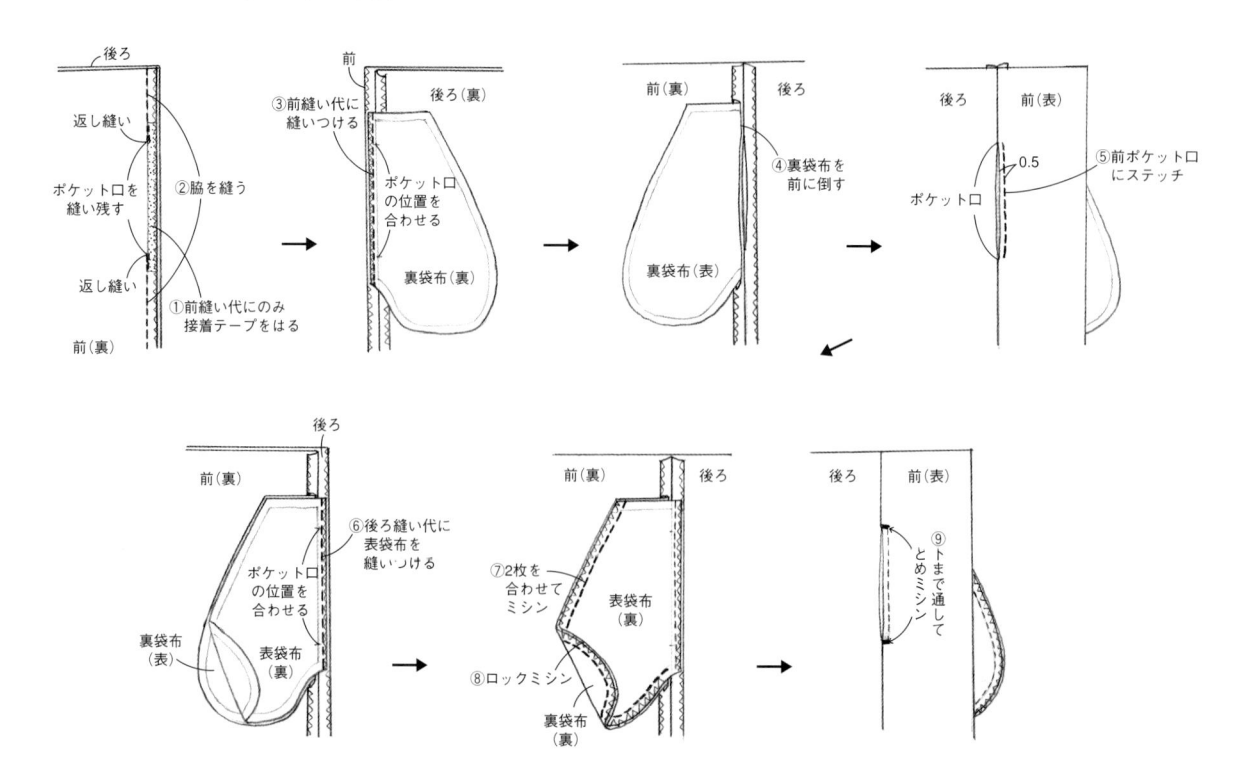

後ろ
返し縫い
ポケット口を縫い残す
返し縫い
前(裏)
②脇を縫う
①前縫い代にのみ接着テープをはる

前
後ろ(裏)
③前縫い代に縫いつける
ポケット口の位置を合わせる
裏袋布(裏)

前(裏)　後ろ
④裏袋布を前に倒す
裏袋布(表)

後ろ　前(表)
0.5
ポケット口
⑤前ポケット口にステッチ

前(裏)　後ろ
⑥後ろ縫い代に表袋布を縫いつける
ポケット口の位置を合わせる
裏袋布(表)
表袋布(裏)

前(裏)　後ろ
⑦2枚を合わせてミシン
表袋布(裏)
⑧ロックミシン
裏袋布(裏)

後ろ　前(表)
⑨トまで通してとめミシン

6 身頃裏面にひも通し当て布をつける

ひも通し穴は裏面に接着芯をはり、表にボタンホールを作る

ひも通し当て布（表）

①ひも通し当て布は縫い代に熱接着両面テープをはり、出来上りに折る（→p.77）

表袋布（裏）

②熱接着両面テープのはくり紙をはがして身頃裏面のつけ位置にアイロンではりつける

前（裏）　後ろ

端を斜めに折ってまつる

③ステッチで押さえる

前（裏）

7 前身頃に前見返しをつける

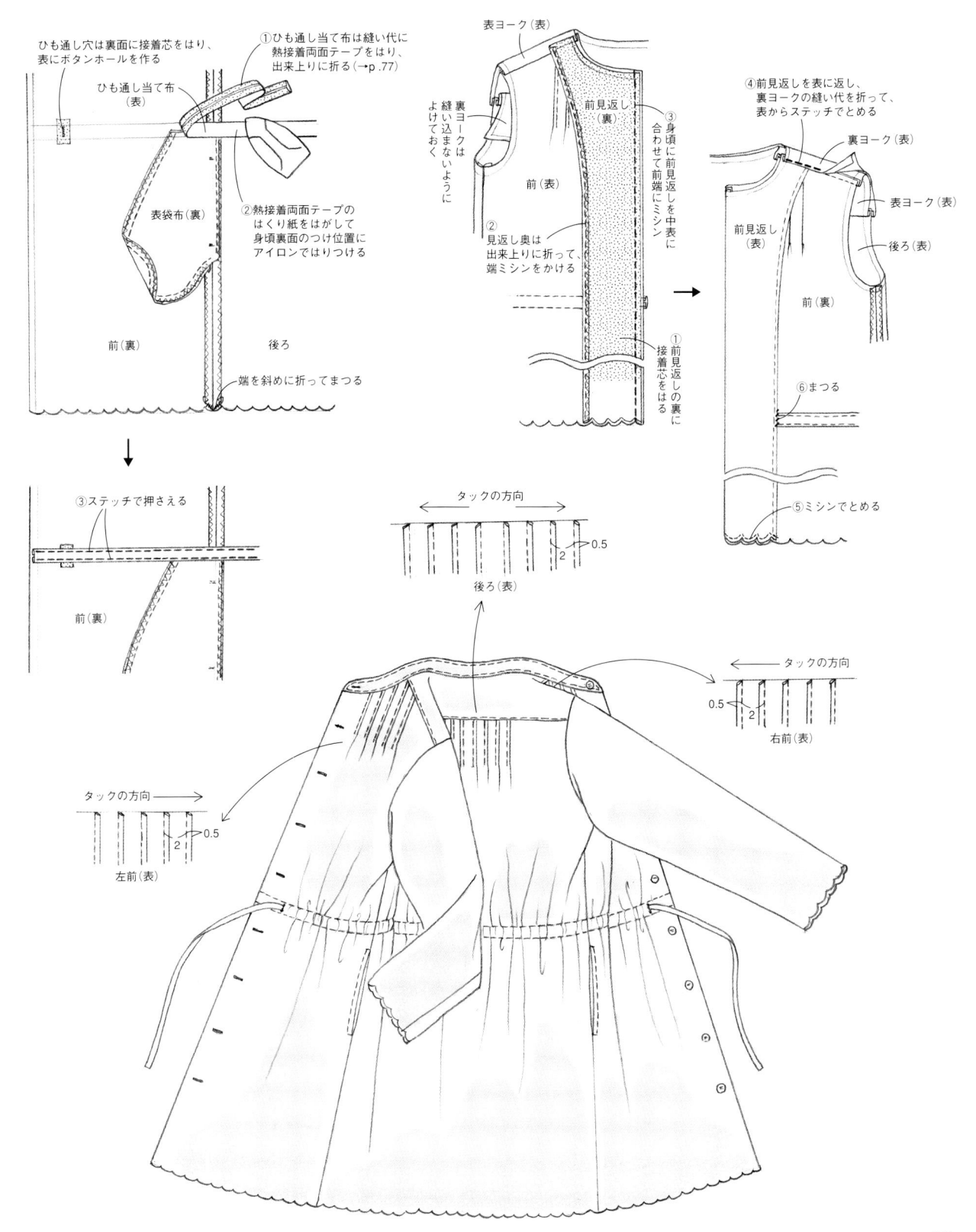

表ヨーク（表）

裏ヨーク（裏）

前見返し（裏）

③身頃に前見返しを合わせて前端にミシン

前（表）

裏ヨークは縫い込まないようによけておく

②見返し奥は出来上りに折って、端ミシンをかける

①前見返しの裏に接着芯をはる

④前見返しを表に返し、裏ヨークの縫い代を折って、表からステッチでとめる

裏ヨーク（表）
表ヨーク（表）
前見返し（表）
後ろ（表）
前（裏）

⑥まつる

⑤ミシンでとめる

← タックの方向 →
0.5
2
後ろ（表）

← タックの方向
0.5
2
右前（表）

タックの方向 →
0.5
2
左前（表）

french-sleeved blouse
page 18
フレンチスリーブのブラウス

●**材料**
表布（コットン）114cm幅1.2m
接着芯（表衿、前見返し）90cm幅60cm
ボタン直径1.3cmを7個

●**用意するパターンと裁つ枚数（B・表面）**
前2枚、後ろ1枚、衿2枚、袖ぐり縁とり布2枚

●裁合せ図

★縫い代は1cm。
▨は裏に接着芯をはる

114cm幅

●縫い方順序

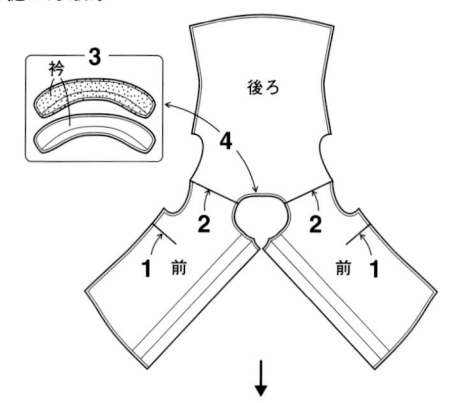

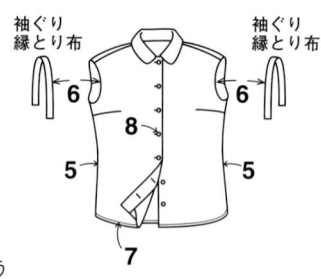

1 ダーツを縫う
2 肩を縫う
3 衿を作る
4 衿をつける
5 脇を縫う
6 袖ぐりを縁とり布でくるむ
7 裾を三つ折り端ミシンで始末する（→ p.49）
8 ボタンホールを作って、ボタンをつける

Technique　角やカーブを上手に縫いたい

角にステッチをかける場合

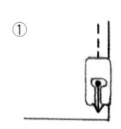

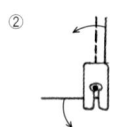

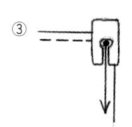

いったん角の3〜4針手前で針を止め(①)、角の位置に針が止まるようにゆっくり縫います。角では針を刺したまま押え金を上げ(②)、布を進む方向に回して押え金を下ろして縫い始めます(③)。

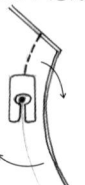

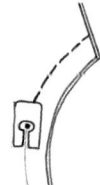

カーブの場合

カーブは布を伸ばしたり、まっすぐにしたりせず、平らな状態のまま、こまめに針を刺した状態で押え金を上げて布の方向を変えながら少しずつ縫っていきます。

出来上り寸法　(cm)

名称＼サイズ	9	11	13
バスト	91	94	97
着丈	60	60	60

3 衿を作る

①表衿の裏に接着芯をはる
②表衿と裏衿を中表に合わせてミシン
③衿先のカーブ部分の縫い代を細くカット
④表衿縫い代に切込みを入れて出来上りに折る

表衿(裏)
裏衿(裏)
切込み
0.3
2.5

⑤ミシン目から縫い代をアイロンで折る
表衿(裏)
出来上りにカットした厚紙

⑥表に返して、アイロンで整える
表衿(表)
裏衿(裏)
2.5   2.5

4 衿をつける

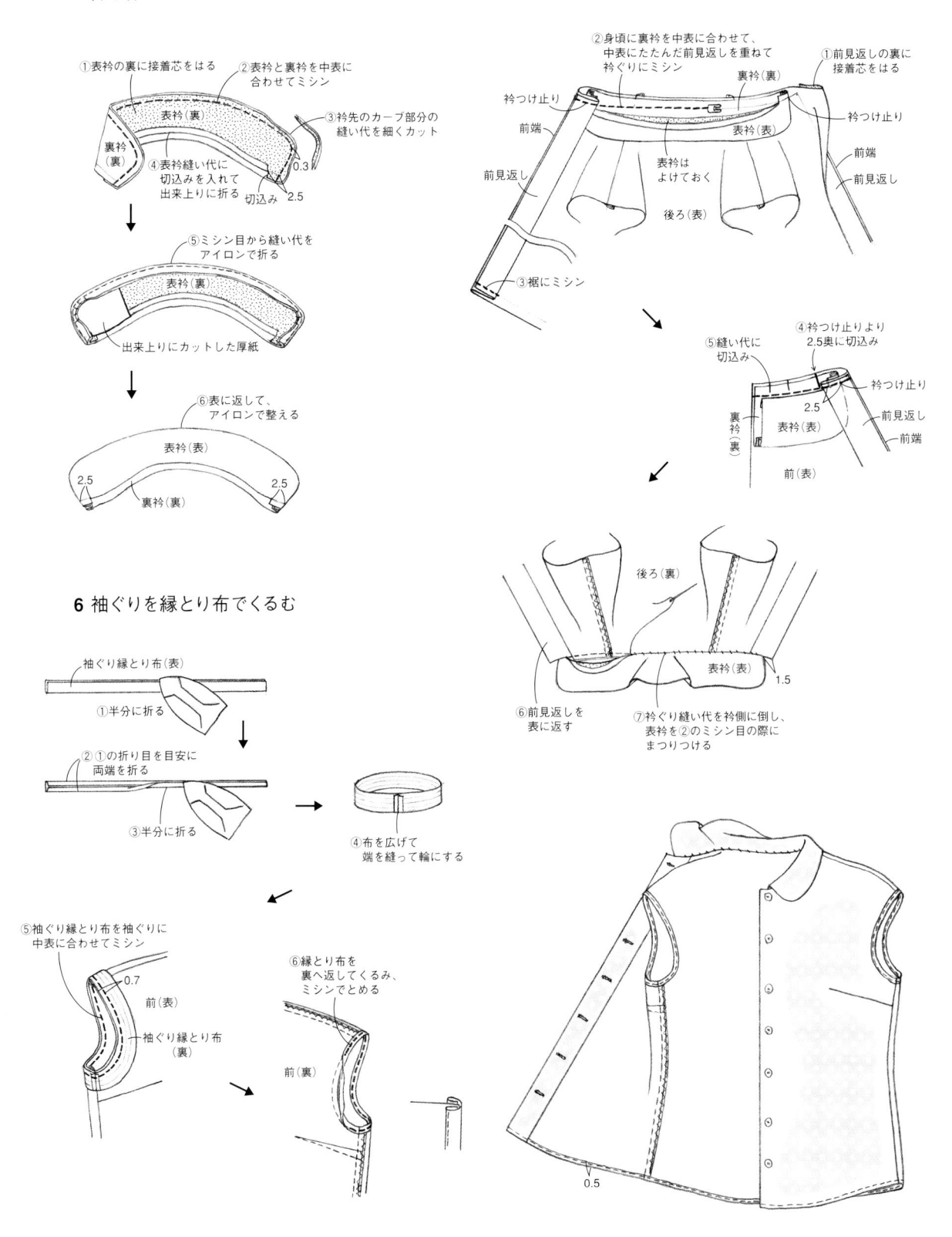

①前見返しの裏に接着芯をはる
②身頃に裏衿を中表に合わせて、中表にたたんだ前見返しを重ねて衿ぐりにミシン

衿つけ止り
前端
前見返し
裏衿(裏)
表衿はよけておく
後ろ(表)
③裾にミシン

④衿つけ止りより2.5奥に切込み
⑤縫い代に切込み
衿つけ止り
前見返し
前端
裏衿(裏)
表衿(表)
前(表)
2.5

後ろ(裏)
⑥前見返しを表に返す
⑦衿ぐり縫い代を衿側に倒し、表衿を②のミシン目の際にまつりつける
表衿(表)
1.5

6 袖ぐりを縁とり布でくるむ

袖ぐり縁とり布(表)
①半分に折る
②①の折り目を目安に両端を折る
③半分に折る
④布を広げて端を縫って輪にする

⑤袖ぐり縁とり布を袖ぐりに中表に合わせてミシン
前(表)
袖ぐり縁とり布(裏)
0.7

⑥縁とり布を裏へ返してくるみ、ミシンでとめる
前(裏)

0.5

m frilled blouse page 19
リネンギンガムのシャツブラウス

●材料
表布（麻）148cm幅1.1m
接着芯（前見返し、裏衿、カフス）90cm幅60cm
ボタン直径1.3cmを7個、直径1.1cmを1個

●用意するパターンと裁つ枚数（B・表面）
前2枚、後ろ1枚、ヨーク2枚、前見返し2枚、袖2枚、衿2枚、カフス2枚、ポケット1枚
右前フリル1枚、左前フリル1枚、衿フリル1枚、袖口あき縁とり布2枚と布ループ1枚（裁合せ図を参照してじか裁ちする）

●裁ち方ポイント
右前フリル、左前フリル、衿フリルは、布の耳をそのまま使ってフリルに仕立てます。各パターンを配置する前にまずフリル分を布の両側から切り取っておくと、他の裁合せが安心してできます。

●裁合せ図

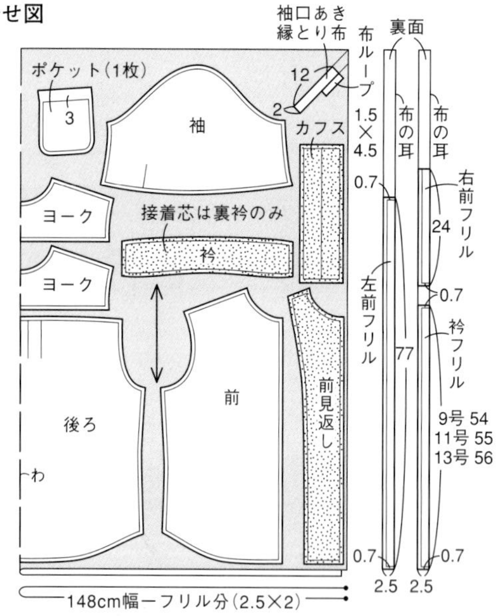

★指定以外の縫い代は1cm。
▨ は裏に接着芯をはる

●縫い方順序

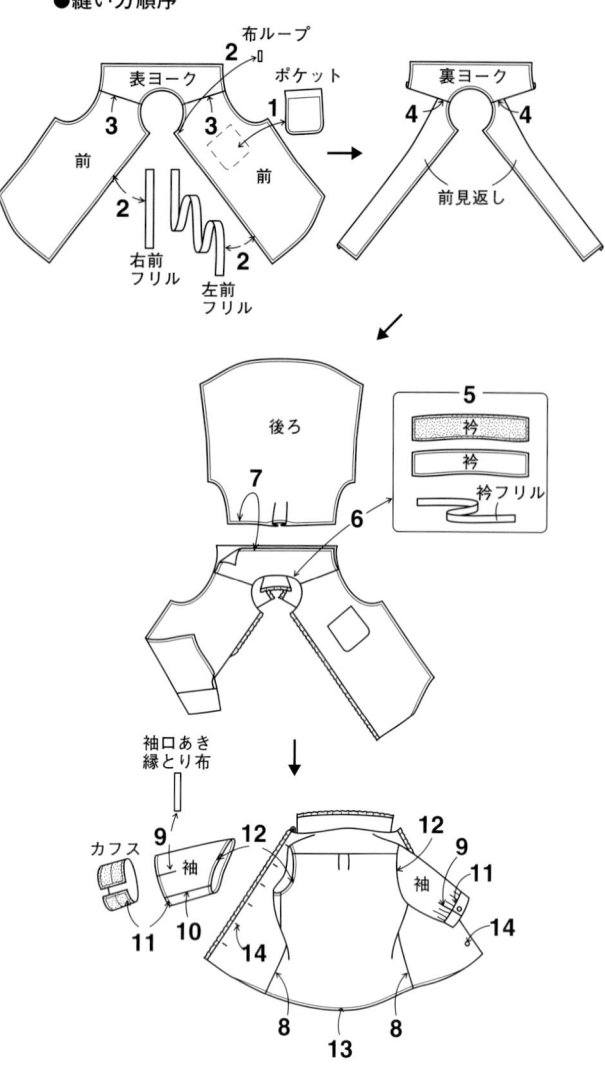

1 ポケットを作ってつける（→ p.37）
2 ギャザーを寄せたフリルと布ループ（→ p.37）を前身頃の前端に仮どめする
3 表ヨークと前身頃を縫い合わせる
4 裏ヨークと前見返しを縫い合わせる
5 衿を作る
6 衿と前見返しをつける
7 後ろ身頃のタックをたたんでヨークと縫い合わせる
8 脇を縫う
9 袖口あきを作る（→ p.31）
10 袖下を縫う
11 袖口にギャザーを寄せてカフスをつける（→ p.31）
12 身頃に袖をつける（→ p.40）
13 裾を三つ折り端ミシンで始末する
14 ボタンホールを作って、ボタンをつける

出来上り寸法　(cm)

サイズ 名称	9	11	13
バスト	100	103	106
着丈	58	58	58

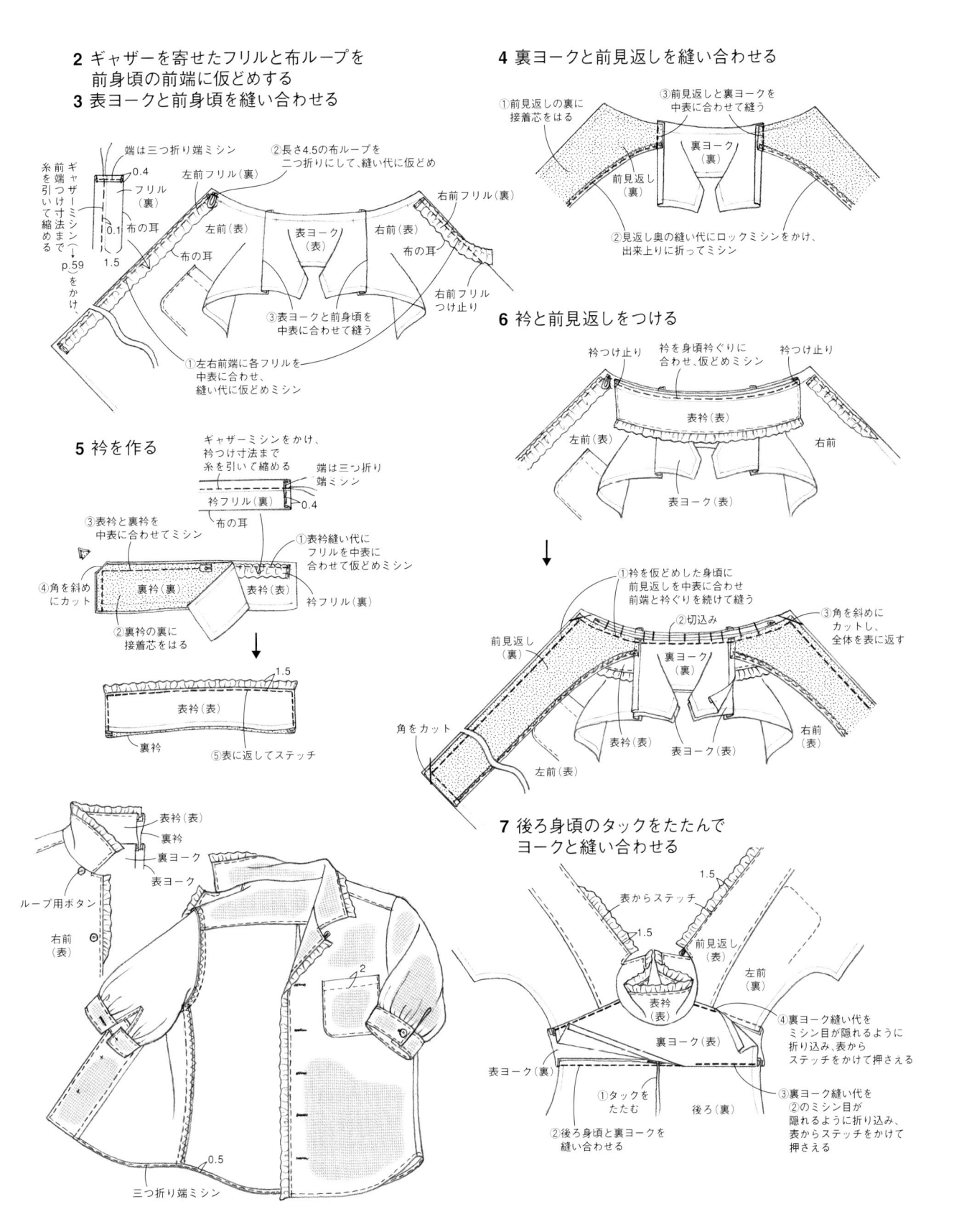

2 ギャザーを寄せたフリルと布ループを前身頃の前端に仮どめする

3 表ヨークと前身頃を縫い合わせる

- 端は三つ折り端ミシン
- ギャザーミシン(→p.59)をかけ、前端つけ寸法まで糸を引いて縮める
- 0.4
- フリル(裏)
- 0.1
- 布の耳
- 1.5
- ②長さ4.5の布ループを二つ折りにして、縫い代に仮どめ
- 左前フリル(裏)
- 左前(表)
- 表ヨーク(表)
- 右前(表)
- 右前フリル(裏)
- 布の耳
- 右前フリルつけ止り
- ③表ヨークと前身頃を中表に合わせて縫う
- ①左右前端に各フリルを中表に合わせ、縫い代に仮どめミシン

4 裏ヨークと前見返しを縫い合わせる

- ①前見返しの裏に接着芯をはる
- ③前見返しと裏ヨークを中表に合わせて縫う
- 裏ヨーク(裏)
- 前見返し
- ②見返し奥の縫い代にロックミシンをかけ、出来上がりに折ってミシン

5 衿を作る

- ギャザーミシンをかけ、衿つけ寸法まで糸を引いて縮める
- 端は三つ折り端ミシン
- 衿フリル(裏)
- 0.4
- 布の耳
- ③表衿と裏衿を中表に合わせてミシン
- ④角を斜めにカット
- 裏衿(裏)
- 表衿(表)
- ①表衿縫い代にフリルを中表に合わせて仮どめミシン
- 衿フリル(裏)
- ②裏衿の裏に接着芯をはる
- 1.5
- 表衿(表)
- 裏衿
- ⑤表に返してステッチ

6 衿と前見返しをつける

- 衿つけ止り
- 衿を身頃衿ぐりに合わせ、仮どめミシン
- 衿つけ止り
- 左前(表)
- 表衿(表)
- 右前
- 表ヨーク(表)

- ①衿を仮どめした身頃に前見返しを中表に合わせ前端と衿ぐりを続けて縫う
- ②切込み
- ③角を斜めにカットし、全体を表に返す
- 前見返し(裏)
- 裏ヨーク(裏)
- 角をカット
- 表ヨーク(表)
- 表ヨーク(裏)
- 左前(表)
- 右前(表)

7 後ろ身頃のタックをたたんでヨークと縫い合わせる

- 1.5
- 表からステッチ
- 1.5
- 前見返し(表)
- 左前(裏)
- 表衿(表)
- 裏衿
- 裏ヨーク(表)
- 表ヨーク(裏)
- ①タックをたたむ
- 後ろ(裏)
- ②後ろ身頃と裏ヨークを縫い合わせる
- ③裏ヨーク縫い代を②のミシン目が隠れるように折り込み、表からステッチをかけて押さえる
- ④裏ヨーク縫い代をミシン目が隠れるように折り込み、表からステッチをかけて押さえる

- 表衿(表)
- 裏衿
- 裏ヨーク
- 表ヨーク
- ループ用ボタン
- 右前(表)
- 2
- 0.5
- 三つ折り端ミシン

O plaid'ed shirt page 21

チェックのシャツ

●材料
表布（麻）140cm幅1m
接着芯（表衿、前見返し）90cm幅50cm

●用意するパターンと裁つ枚数（A・表面）
前1枚、後ろ1枚、袖2枚、衿2枚、前見返し1枚（表身頃のパターンから写し取って作る）、袖口縁とり布2枚、ひも2枚（裁合せ図を参照してじか裁ちする）

●裁ち方のポイント
チェックの柄合せは、前後身頃の脇線で、横縞が続くように、パターンを配置します。このとき布を二つ折りにして裁つと上下の布がずれることもあるので、1枚に広げて裁つと安心です。

●裁合せ図

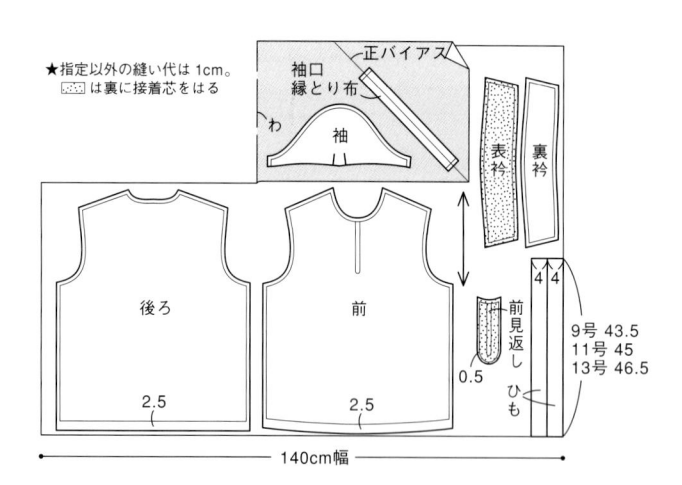

★指定以外の縫い代は1cm。
▨ は裏に接着芯をはる

●縫い方順序

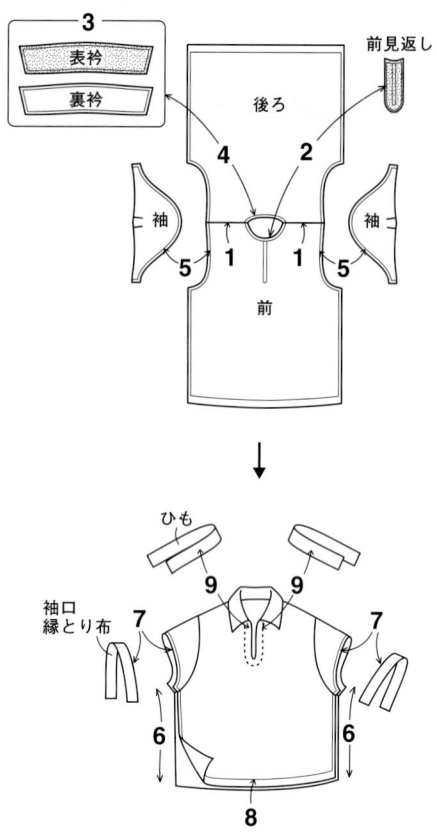

1 肩を縫う
2 前あきを作る（→p.28）
3 衿を作る
4 衿をつけて、あきと前見返しの回りにステッチをかける
5 身頃に袖をつける（→p.43）
6 袖下と脇を続けて縫う（→p.43）
7 袖口のタックをたたんで、縁とり布でくるむ
8 裾を三つ折りにして縫う
9 ひもを作ってつける

出来上り寸法 (cm)

名称＼サイズ	9	11	13
バスト	98	101	104
着丈	56	56	56

3 衿を作る

表衿(表)
裏衿(裏)

表衿の衿端1cm手前の縫い代に切込みを入れ、出来上りに折る（それ以外は→p.42）

4 衿をつけて、あきと前見返しの回りにステッチをかける

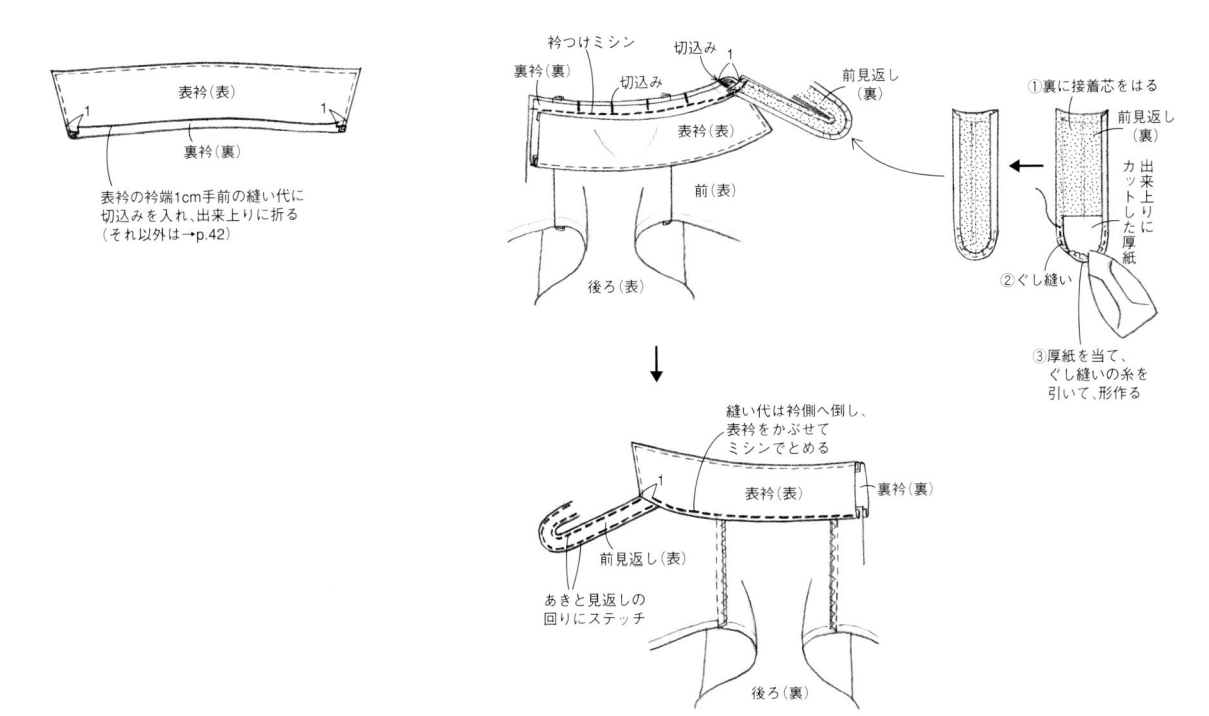

衿つけミシン
裏衿(裏)
切込み
表衿(表)
前見返し(裏)
前(表)
後ろ(表)

①裏に接着芯をはる
前見返し(裏)
出来上りにカットした厚紙
②ぐし縫い
③厚紙を当て、ぐし縫いの糸を引いて、形作る

縫い代は衿側へ倒し、表衿をかぶせてミシンでとめる
表衿(表)
裏衿(裏)
前見返し(表)
あきと見返しの回りにステッチ
後ろ(裏)

7 袖口のタックをたたんで、縁とり布でくるむ

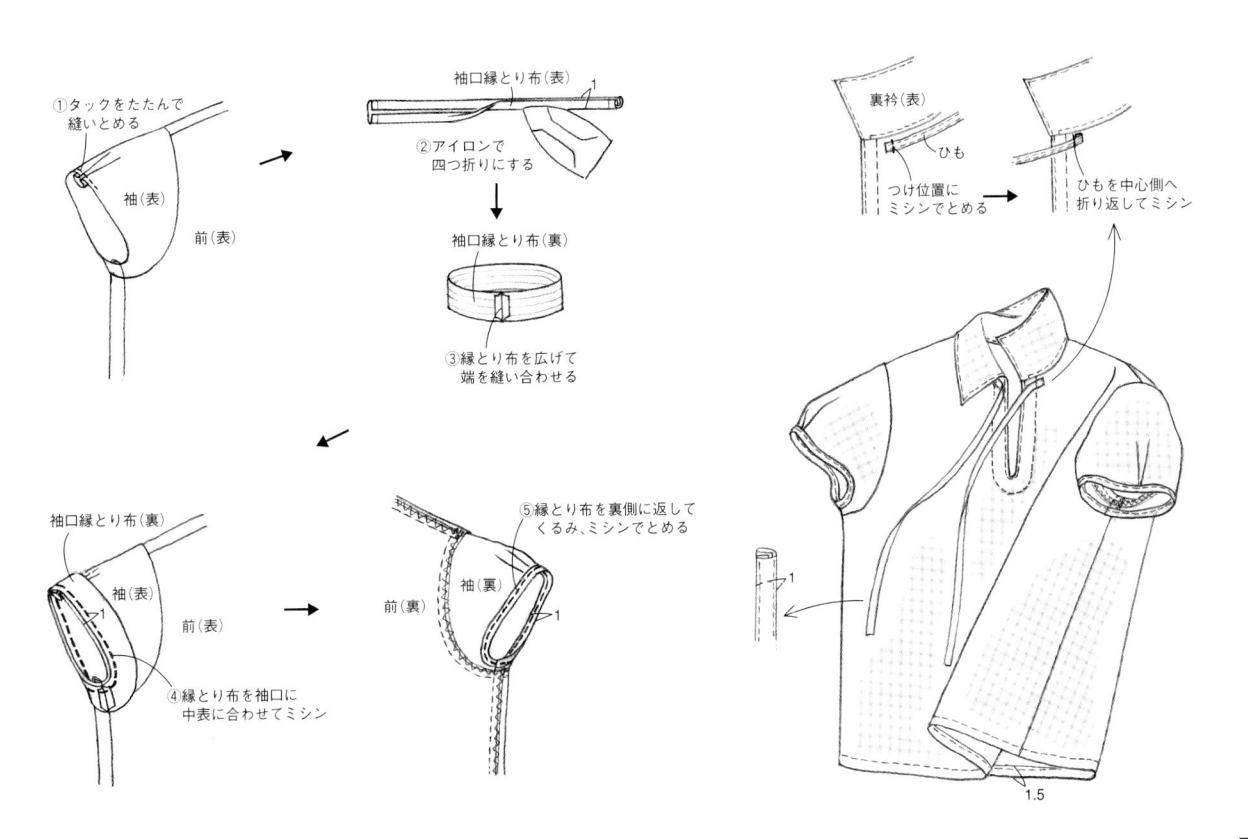

①タックをたたんで縫いとめる
袖(表)
前(表)

袖口縁とり布(表)
②アイロンで四つ折りにする
袖口縁とり布(裏)
③縁とり布を広げて端を縫い合わせる

袖口縁とり布(裏)
袖(表)
前(表)
④縁とり布を袖口に中表に合わせてミシン

⑤縁とり布を裏側に返してくるみ、ミシンでとめる
袖(裏)
前(裏)

裏衿(表)
ひも
つけ位置にミシンでとめる
ひもを中心側へ折り返してミシン

1.5

p linen coat
page 22

リネンのコート

●材料
表布（麻）108cm幅3.1m
別布（コットン）50×20cm
接着芯（前見返し、上衿、台衿、裏袖口布、ポケット口）90cm幅1.1m
ボタン直径2cmを7個

●用意するパターンと裁つ枚数（B・裏面）
前2枚、後ろ2枚、ヨーク2枚（うち1枚は別布）、前見返し2枚（前身頃のパターンから写し取って作る）、袖2枚、袖口布4枚、上衿2枚、台衿2枚、ポケット2枚、ベルトとベルト通し布各2枚（裁合せ図を参照してじか裁ちする）

●裁合せ図

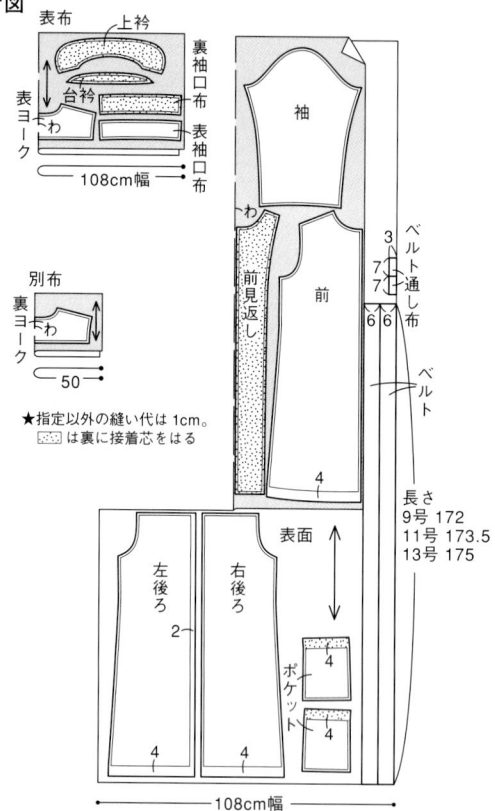

★指定以外の縫い代は1cm。
▨は裏に接着芯をはる

長さ
9号 172
11号 173.5
13号 175

●縫い方順序

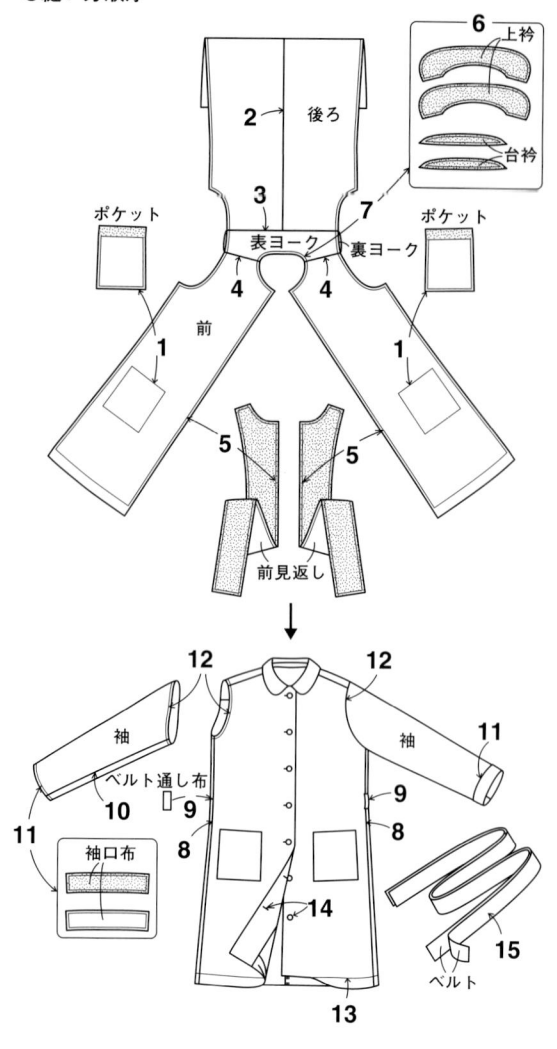

1 ポケットを作ってつける（→ p.37）
2 後ろ中心を縫う
3 表ヨークと裏ヨークで後ろ身頃をはさんで縫う
4 表ヨークと前身頃を縫い合わせる
5 前見返しをつける
6 衿を作る
7 衿をつける
8 脇を縫う
9 ベルト通しを作ってつける
10 袖下を縫う
11 袖口布を縫って、袖口につける（→ p.75）
12 身頃に袖をつける（→ p.40）
13 裾を三つ折りにして縫う
14 ボタンホールを作って、ボタンをつける
15 ベルトを作る

出来上り寸法 (cm)

サイズ 名称	9	11	13
バスト	105	108	111
着丈	98	98	98

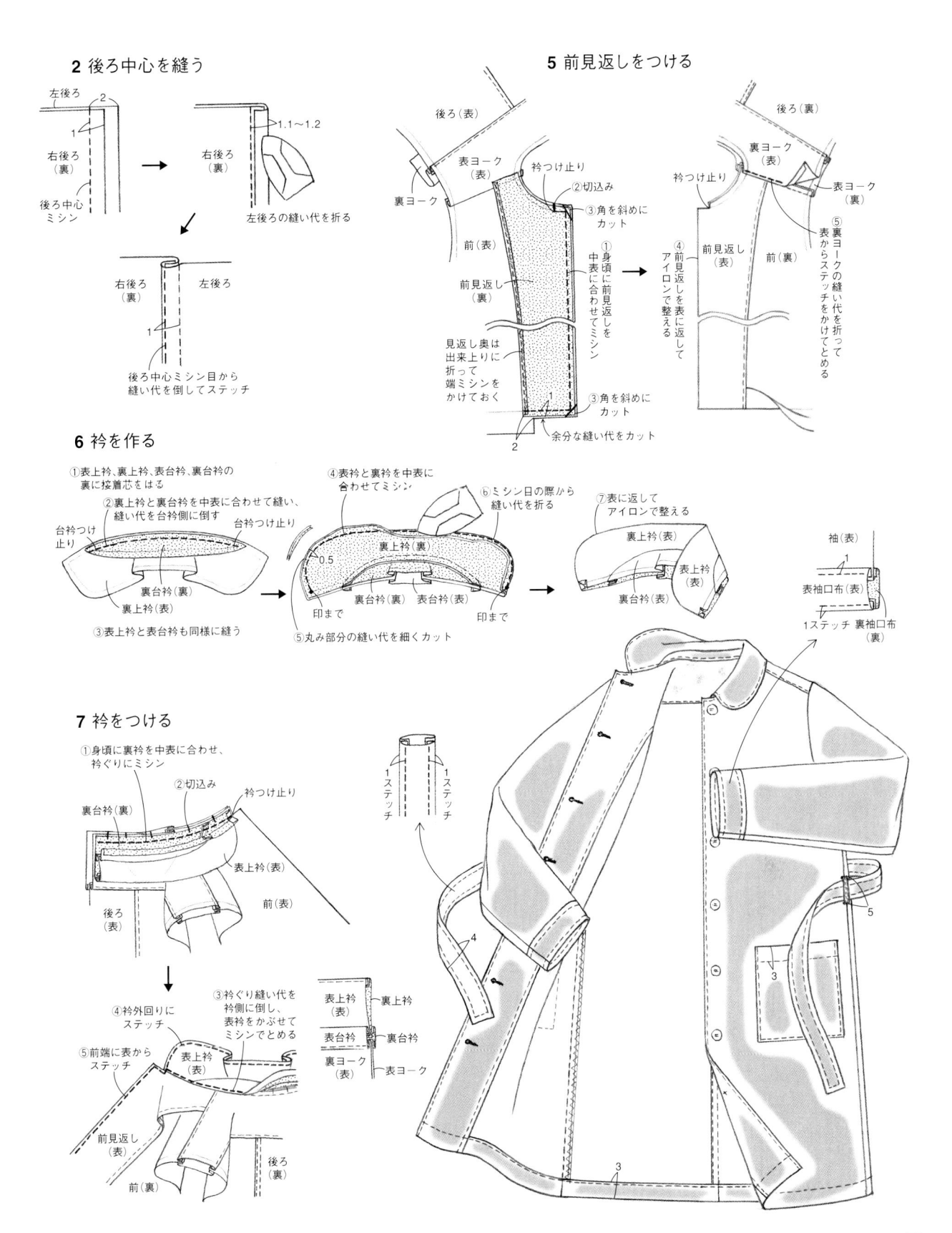

2 後ろ中心を縫う

5 前見返しをつける

6 衿を作る

7 衿をつける

r tunic shirt page 25

チュニックシャツ

●材料
表布（綿麻のデニム）114cm幅2.2m
接着芯（表上衿、台衿、短冊布、表袖口布、ポケット口布）
90cm幅90m
ボタン直径2.1cmを4個、直径1.5cmを1個

●用意するパターンと裁つ枚数（B・裏面）
前1枚、後ろ1枚、ヨーク1枚、袖2枚、袖口布4枚、短冊布2枚、
上衿2枚、台衿2枚、ポケット2枚、ポケット口布2枚

●裁合せ図

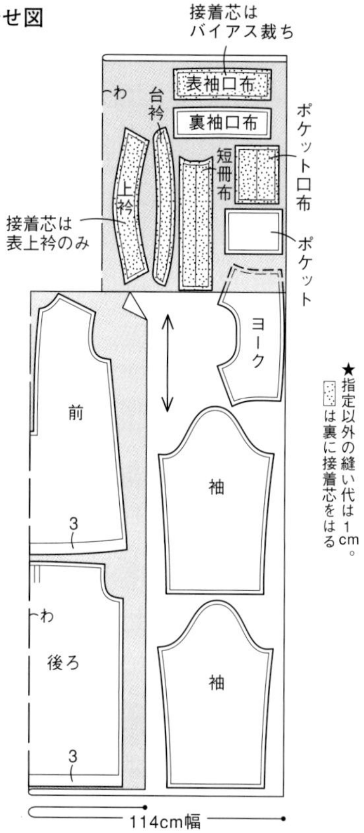

★指定以外の縫い代は1cm。
▨は裏に接着芯をはる

●縫い方順序

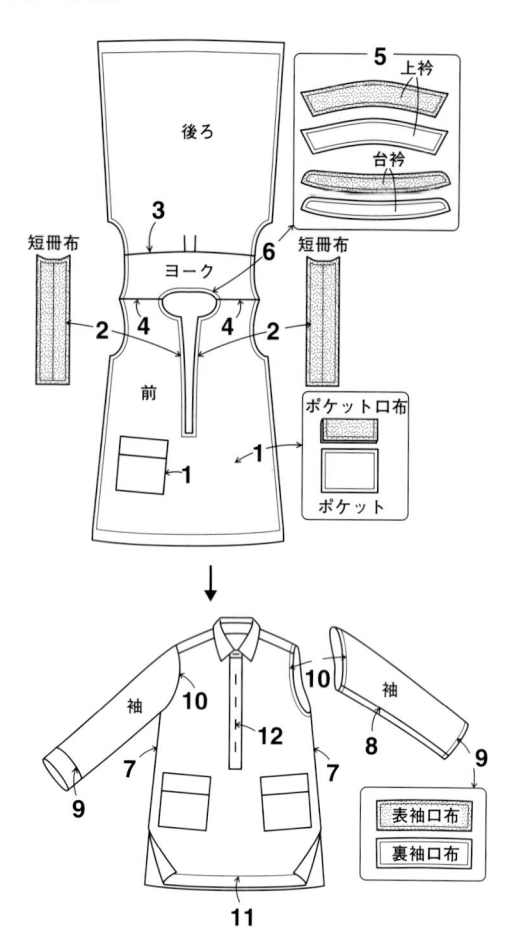

1 ポケットを作ってつける
2 前あきを作る（→ p.28）
3 後ろ身頃のタックをたたみ、ヨークと縫い合わせる
4 ヨークと前身頃を縫い合わせる
5 衿を作る（→ p.37）
6 衿をつける（→ p.32）
7 脇を縫って、スリットを作る
8 袖下を縫う
9 袖口布を縫って、袖口につける
10 身頃に袖をつける（→ p.40）
11 裾を三つ折りにして縫う
12 ボタンホールを作って、ボタンをつける

出来上り寸法 (cm)

サイズ 名称	9	11	13
バスト	102	105	108
着丈	75	75	75

1 ポケットを作ってつける

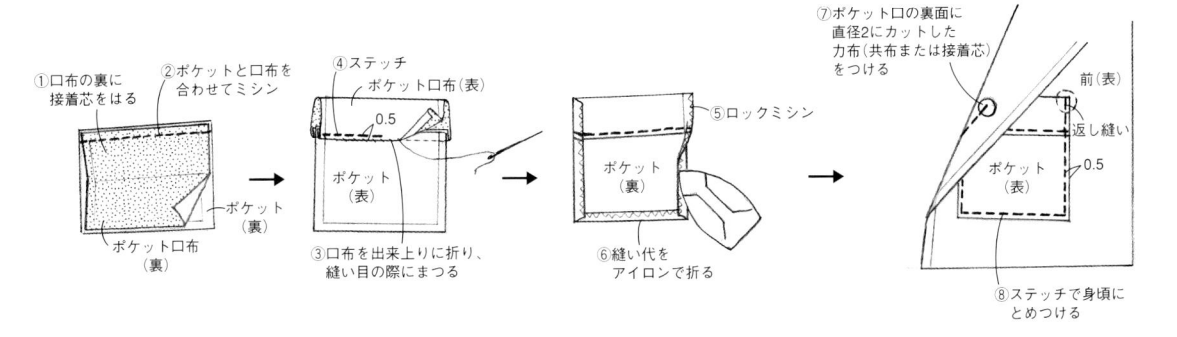

①口布の裏に接着芯をはる
②ポケットと口布を合わせてミシン
③口布を出来上りに折り、縫い目の際にまつる
④ステッチ
ポケット口布（表）
ポケット（裏）
ポケット口布（裏）
0.5

⑤ロックミシン
⑥縫い代をアイロンで折る
ポケット（裏）

⑦ポケット口の裏面に直径2にカットした力布（共布または接着芯）をつける
⑧ステッチで身頃にとめつける
前（表）
ポケット（表）
返し縫い
0.5

6 衿をつける（→p.32）

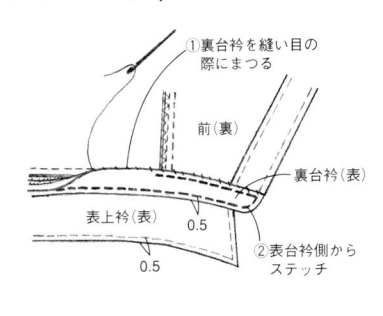

①裏台衿を縫い目の際にまつる
前（裏）
裏台衿（表）
表上衿（表）
②表台衿側からステッチ
0.5
0.5

7 脇を縫って、スリットを作る

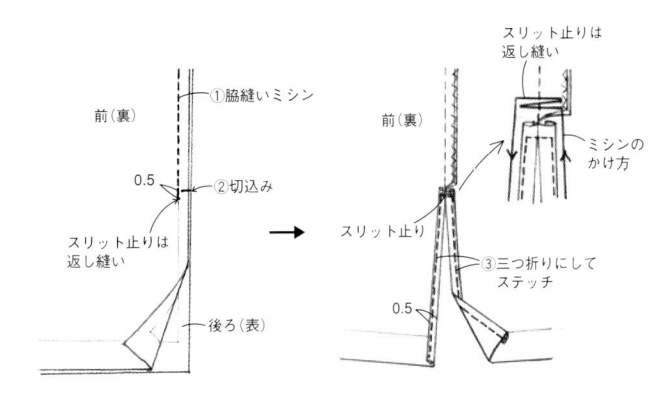

①脇縫いミシン
②切込み
前（裏）
後ろ（表）
スリット止りは返し縫い
0.5

スリット止りは返し縫い
スリット止り
ミシンのかけ方
③三つ折りにしてステッチ
前（裏）
0.5

9 袖口布を縫って、袖口につける

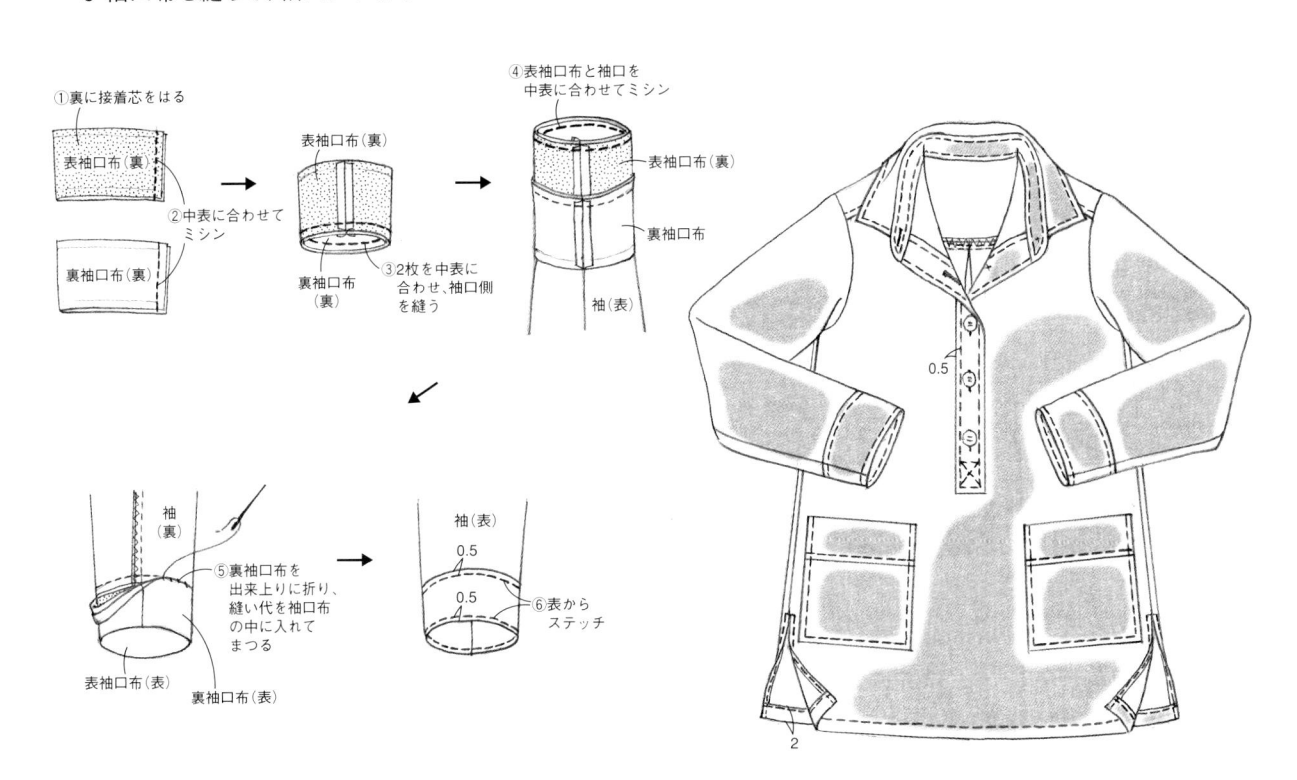

①裏に接着芯をはる
表袖口布（裏）
裏袖口布（裏）
②中表に合わせてミシン

表袖口布（裏）
裏袖口布（裏）
③2枚を中表に合わせ、袖口側を縫う

④表袖口布と袖口を中表に合わせてミシン
表袖口布（裏）
裏袖口布
袖（表）

袖（裏）
袖
⑤裏袖口布を出来上りに折り、縫い代を袖口布の中に入れてまつる
表袖口布（表）
裏袖口布（表）

袖（表）
0.5
0.5
⑥表からステッチ

0.5
2

S tunic blouse
page 26
ボイルのチュニック

● 材料
表布（片耳がスカラップレースのコットンボイル）100cm幅2.3m
接着芯（衿、短冊布）90cm幅50cm
熱接着両面テープ1cm幅2.5m
ボタン直径1.5cmを5個
ゴムカタン糸

● 用意するパターンと裁つ枚数（A・裏面）
前1枚、後ろ1枚、袖2枚、衿2枚、ひも通し当て布1枚、ひも1枚（裁合せ図を参照してじか裁ちする）、短冊布2枚（表身頃のパターンから写し取って作る）

● 裁合せ図

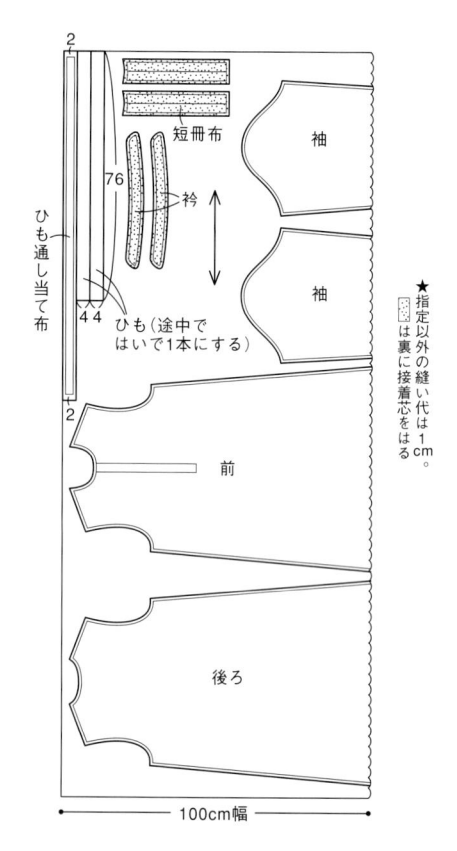

● 縫い方順序

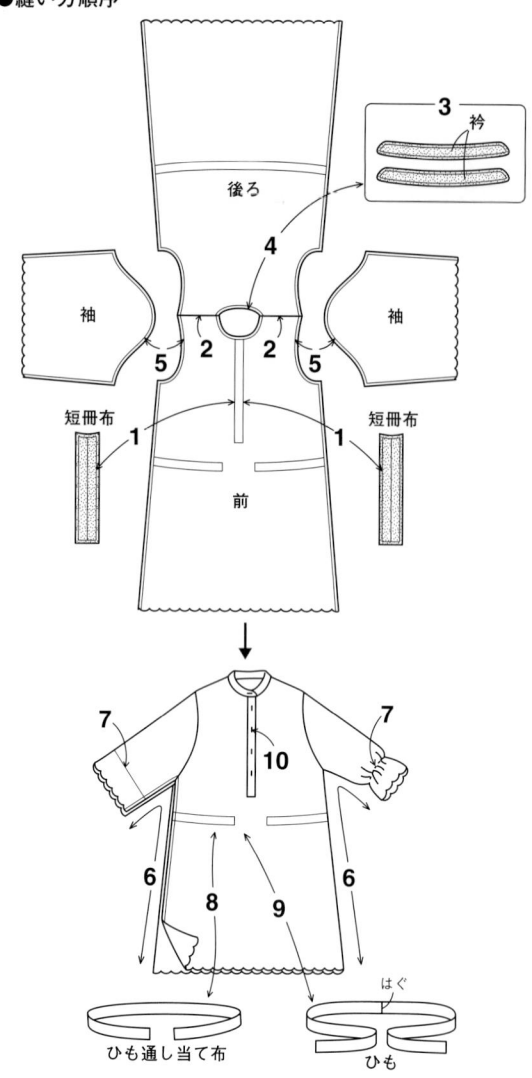

1 前あきを作る（→ p.28）
2 肩を縫う
3 衿を作る（→ p.32）
4 衿をつける（→ p.32）
5 身頃に袖をつける（→ p.43）
6 袖下と脇を続けて縫う（→ p.43）
7 袖にゴムシャーリングをする
8 ひも通し当て布をつける
9 ひもを作って、ひも通し当て布に通す
10 ボタンホールを作って、ボタンをつける

7 袖にゴムシャーリングをする

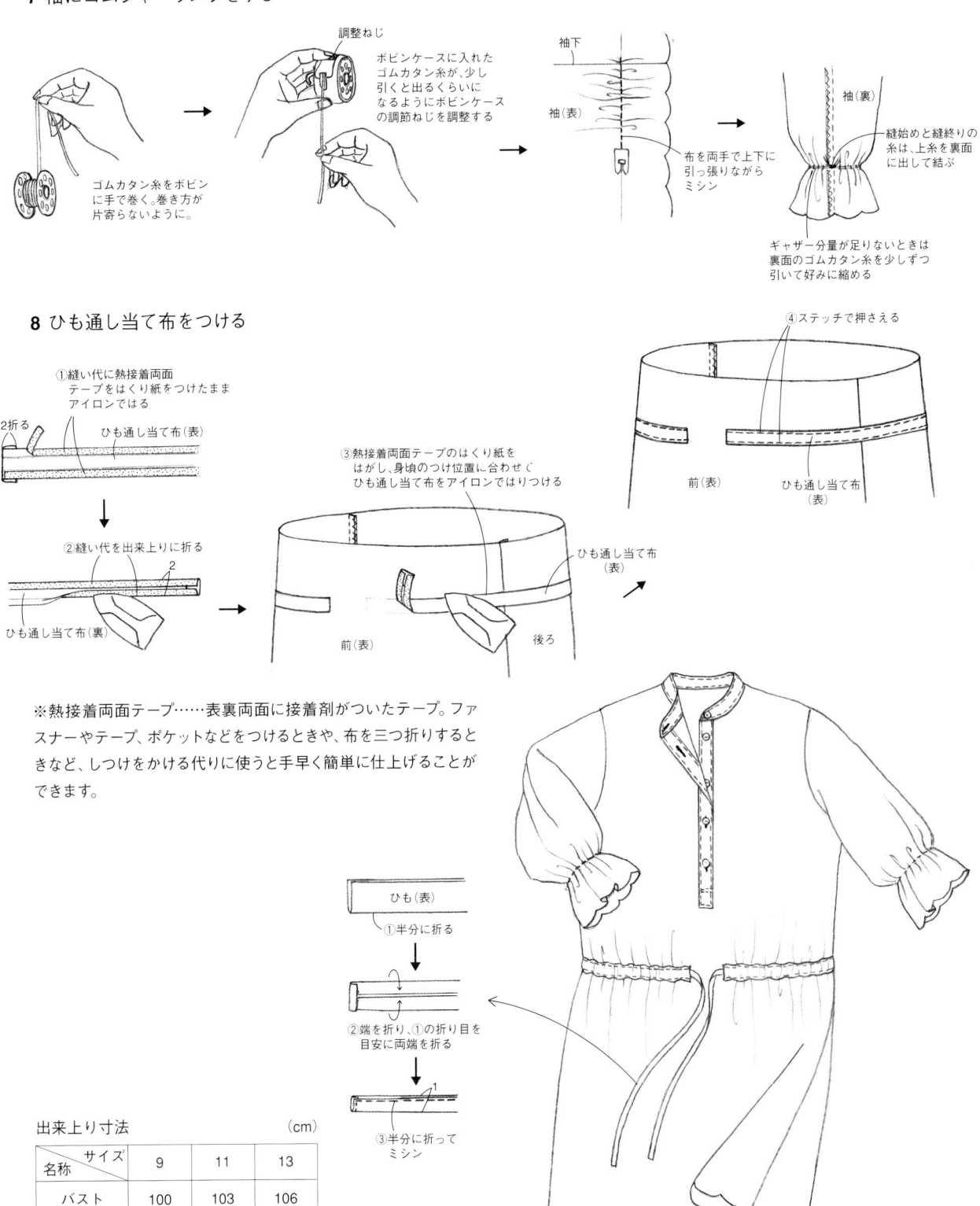

ゴムカタン糸をボビンに手で巻く。巻き方が片寄らないように。

調整ねじ

ボビンケースに入れたゴムカタン糸が、少し引くと出るくらいになるようにボビンケースの調節ねじを調整する

袖下　袖(表)

布を両手で上下に引っ張りながらミシン

袖(裏)

縫始めと縫終りの糸は、上糸を裏面に出して結ぶ

ギャザー分量が足りないときは裏面のゴムカタン糸を少しずつ引いて好みに縮める

8 ひも通し当て布をつける

①縫い代に熱接着両面テープをはくり紙をつけたままアイロンではる

2折る

ひも通し当て布(表)

②縫い代を出来上りに折る

ひも通し当て布(裏)

③熱接着両面テープのはくり紙をはがし、身頃のつけ位置に合わせてひも通し当て布をアイロンではりつける

前(表)　後ろ

ひも通し当て布(表)

④ステッチで押さえる

前(表)　ひも通し当て布(表)

※熱接着両面テープ……表裏両面に接着剤がついたテープ。ファスナーやテープ、ポケットなどをつけるときや、布を三つ折りするときなど、しつけをかける代りに使うと手早く簡単に仕上げることができます。

ひも(表)

①半分に折る

②端を折り、①の折り目を目安に両端を折る

③半分に折ってミシン

出来上り寸法 (cm)

サイズ 名称	9	11	13
バスト	100	103	106
着丈	92	92	92

t nostalgic blouse
page 27

7分袖のシャツブラウス

●材料
表布（コットン）115cm幅1.3m
接着芯（前見返し、裏衿）90cm幅70cm
ボタン直径1.2cmを5個

●用意するパターンと裁つ枚数（B・表面）
前2枚、後ろ1枚、袖2枚、袖口布2枚、衿2枚

●裁合せ図

★指定以外の縫い代は1cm。
▨は裏に接着芯をはる

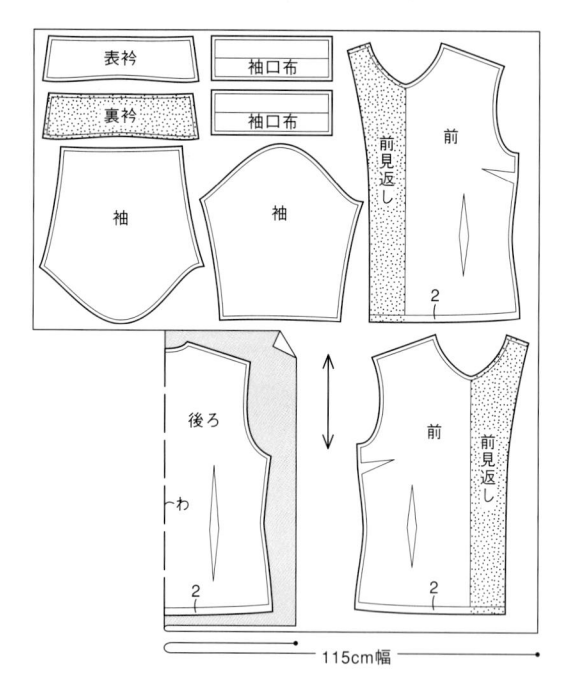

115cm幅

●縫い方順序

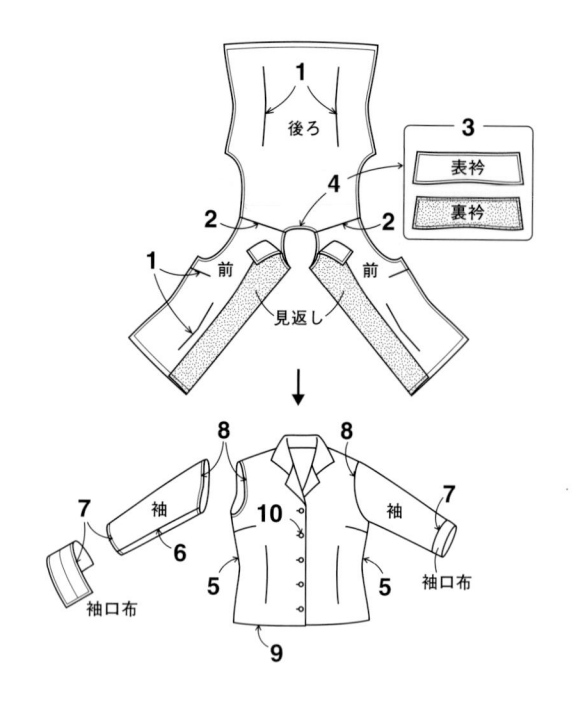

1 ダーツを縫う
2 肩を縫う
3 衿を作る
4 衿をつける
5 脇を縫う
6 袖下を縫う
7 袖口に袖口布をつける
8 身頃に袖をつける（→ p.40）
9 裾を三つ折りにして縫う
10 ボタンホールを作って、ボタンをつける

Technique　接着芯を上手にはりたい

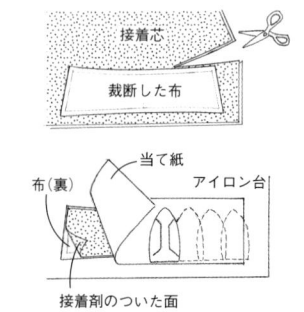

接着芯は、パターンを当てて裁つよりも、各パーツに裁った布を型紙代りにして裁つほうが簡単。接着する時は、布の裏面に芯の接着剤がついた面を合わせ、当て紙をした上から中温のスチームアイロンをかけます。この時、アイロンはすべらせないで、1か所ずつ上から押さえるようにして接着します。接着後は、熱が冷めるまでそのままにしておきます。

出来上り寸法　（cm）

サイズ名称	9	11	13
バスト	94	97	100
着丈	56	56	56

3 衿を作る

①肩位置(SNP)の縫い代に切込みを入れ、後ろ衿ぐり縫い代を折る

②裏衿の裏に接着芯をはる
③表衿と裏衿を中表に合わせてミシン
④角を斜めにカット
⑤ミシン目から縫い代をアイロンで折る

⑥表に返してアイロンで整える

4 衿をつける

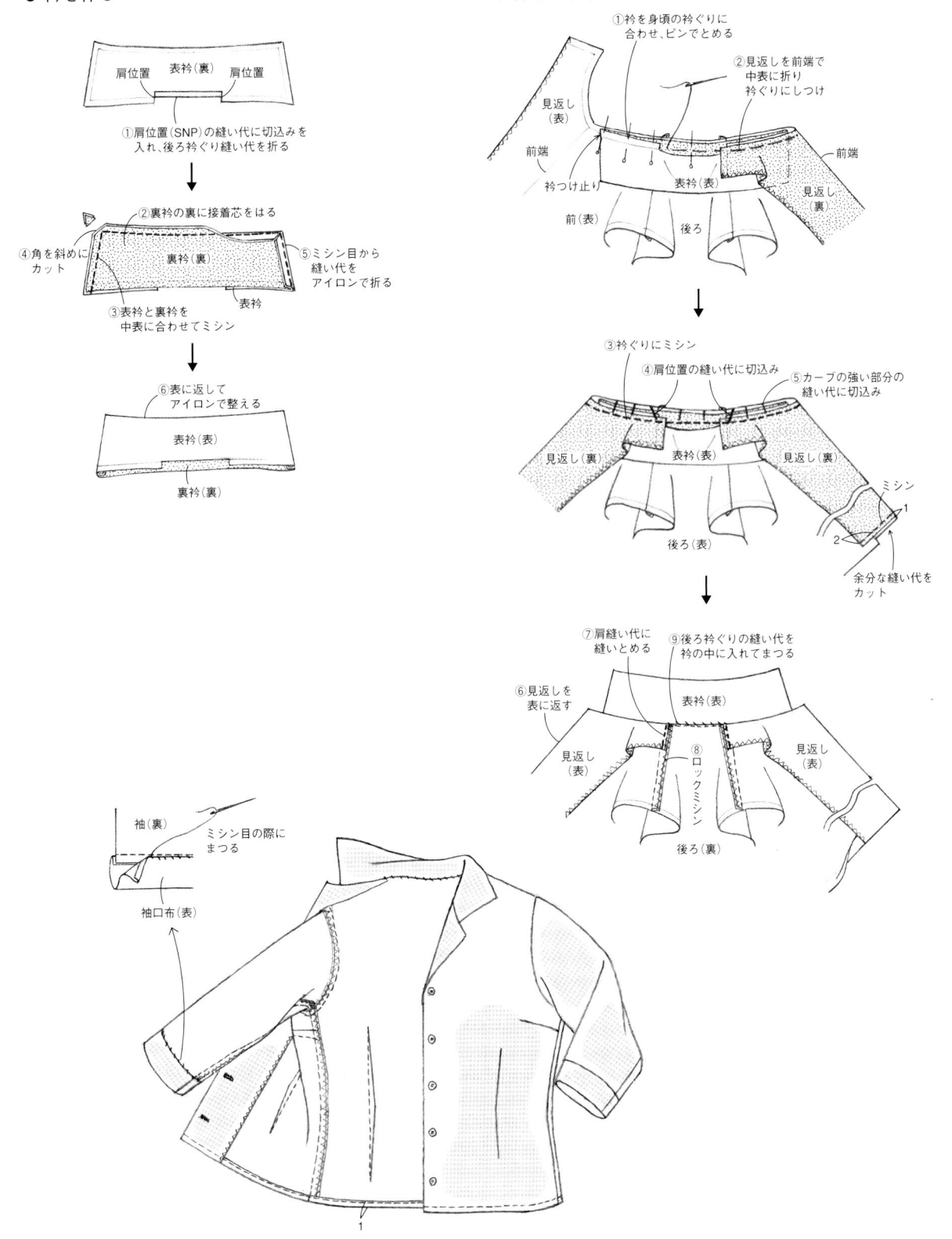

①衿を身頃の衿ぐりに合わせ、ピンでとめる
②見返しを前端で中表に折り衿ぐりにしつけ

③衿ぐりにミシン
④肩位置の縫い代に切込み
⑤カーブの強い部分の縫い代に切込み
余分な縫い代をカット

⑥見返しを表に返す
⑦肩縫い代に縫いとめる
⑧ロックミシン
⑨後ろ衿ぐりの縫い代を衿の中に入れてまつる

ミシン目の際にまつる

茅木真知子 machiko kayaki

九州生れの東京育ち。みずがめ座、AB型。
文化出版局「装苑」編集部を経てフリーランスのスタイリストとなる。
1992年よりソーイングブックを発表。シンプルでさり気なく、それでいてどこか甘さを秘めた
茅木真知子スタイルがソーイングファンを魅了する。
'95年には布地の店 pindot（ピンドット）を東京・西荻窪にオープン。
2018年の春、pindotの店主を卒業する。
著書『そのまま着ても、重ねて着てもワンピース』『かんたんなのに Good Looking』『ドレスメーキング アット ホーム』
『いつもの服をホームクチュールで。』『ワンピースがいちばん』『茅木真知子 ホームクチュールセレクション』
『きれいにみえる服』『いつか着る服、いつも着る服』(文化出版局) ほか多数。

製作協力
福岡裕子　鈴木一江　鈴木みさお　山口悦子　小笠原洋子

布地の問合せ先
pindot（ピンドット）
〒167-0054 東京都杉並区松庵3-39-11シティコープ西荻202
Phone 03-3331-7518
12:00～17:00営業　月曜、火曜定休
ホームページ　http://www.pindot.net/

装丁、レイアウト　弘兼奈美（ツーピース）
撮影　山下恒徳
イラスト　今井未知（p.28～32、34～35）
技術編集とイラスト　山村範子
本文デジタルトレース　しかのるーむ
パターングレーディング　上野和博

my favorite shirt
私の好きなシャツスタイル

2009年5月3日　第1刷発行
2018年12月14日　第7刷発行
著　者　茅木真知子
発行者　大沼 淳
発行所　学校法人文化学園 文化出版局
　　　　〒151-8524 東京都渋谷区代々木3-22-1
　　　　Phone 03-3299-2485（編集）03-3299-2540（営業）
印刷・製本所　株式会社文化カラー印刷

©MACHIKO KAYAKI 2009　Printed in Japan
本書の写真、カット及び内容の無断転載を禁じます。

・本書のコピー、スキャン、デジタル化等の無断複製は著作権法上での例外を除き、禁じられています。
・本書を代行業者等の第三者に依頼してスキャンやデジタル化することは、たとえ個人や家庭内での利用でも著作権法違反になります。
・本書で紹介した作品の全部または一部を商品化、複製頒布、及びコンクールなどの応募作品として出品することは禁じられています。
・撮影状況や印刷により、作品の色は実物と多少異なる場合があります。ご了承ください。

文化出版局のホームページ　http://books.bunka.ac.jp/